삼각관계의 국제정치:
중국, 일본과 한반도

서울대학교 아시아연구소총서 기초연구시리즈 7

삼각관계의 국제정치

중국, 일본과 한반도

초판 1쇄 발행 2017년 5월 20일
초판 2쇄 발행 2017년 9월 10일

지은이 신욱희
펴낸이 성낙인
펴낸곳 서울대학교출판문화원

출판등록 제15-3호

주소 08826 서울 관악구 관악로 1
대표전화 02-880-5252 | 팩스 02-888-4148
전략기획팀(출판상담 및 홍보) 02-880-5217
출판관리팀(주문상담) 02-889-4424, 02-880-7995
이메일 snubook@snu.ac.kr
홈페이지 www.snupress.com

ISBN 978-89-521-1905-6 94340
978-89-521-1475-4 (세트)

이 연구는 서울대학교 아시아연구소 아시아기초연구사업 연구비에 의하여 수행되었음.

서울대학교 아시아연구소총서
기초연구시리즈 7

삼각관계의 국제정치

중국, 일본과 한반도

신욱희 지음

서울대학교출판문화원

International Politics of Triangular Relationship:

China, Japan and the Korean Peninsula

Wookhee Shin

Seoul National University Press

머리말

'지역'으로서 아시아가 새롭게 국제정치학의 중심 주제로 등장하고 있다. 이 책은 다양한 형태의 아시아 지역주의가 경쟁적으로 등장하고 있는 현재의 상황에서 한국이 '동북아시아'를 전략적 공간으로 설정하는 것이 적절할 수 있으며, 동북아의 중추적 관계인 한중일 세 나라 사이의 국제정치에 대한 고찰이 중요한 학문적/실천적 의미를 갖는다고 주장한다.

이 연구는 한중일 관계를 분석하기 위해 이를 '협력과 갈등에 대한 유인과 제약이 지속적으로 존재하는 상호의존적인 세 국가 간의 관계'로 보는 '삼각관계'의 개념적 틀을 활용하고, 위협전이론과 양면 안보 딜레마라는 새로운 이론적 논의를 전개하였다. 이 책의 사례 부분에서 필자는 한편으로는 현재의 삼자관계를 이해하기 위한 한중일 관계의 역사적 전개과정을 다루고, 다른 한편으로는 삼각관계의 복잡성을 설명하기 위해 각각의 양자관계와 다자주의, 그리고 단위에 대한 논의를 전개하면서, 궁극적으로는 그를 통해 한국 외교정책의 범주와 선택에 대한 정책적 검토를 모색하였다.

연구를 마무리하고 원고를 정리하면서 필자는 두 가지 어려움에 직면하였다. 첫 번째는 공통된 주제가 있음에도 불구하고 조금씩은 다른 형식과 방법론으로 작성된 각 부분을 어떻게 하나의 일관된 책의 모습으로 다듬어 낼 것인가 하는 점이었다. 두 번째는 현재의 사례를 다루는 저술의 불가피한 문제로서, 지속적인 변화 양상을 어디까지 반영해서 수정을 해야 할 것인가 하는 부분이었다. 하나의 예로 이 책이 다루는 주제 중의 하나인 환태평양경제동반자협정(TPP)이 2016년 11월 미국 대선의 결과에 따라 그 존재 여부가 의문시되고 있는 점을 들 수 있다. 필자는 서론과 결론에서 각 부분 사이의 유기적 관계를 명시하고, 각 장 말미의 소결을 통해 일관성을 유지하고자 하였다. 또한 글의 대부분이 2015년까지의 기간에 작성되었고 전체 원고의 수정도 2016년 1월에 이루어졌기 때문에, 이후의 사실관계에 대한 추가적인 수정은 거의 하지 않았음을 밝혀 둔다.

이 연구를 수행하면서 많은 도움을 받았다. 우선 저술의 계기가 된 서울대학교 아시아연구소의 2013년 아시아기초연구비 지원은 이 책의 전체적인 구상과 중국 북경대학에서 행해진 중국의 한국전쟁 참전 사례연구를 가능케 해 주었다. 이 연구의 이론적 논의와 샌프란시스코 체제 사례연구는 필자가 속한 SSK 동아시아지역질서연구팀의 작업의 일환으로 진행되었다(이 저서는 2015년 대한민국 교육부와 한국연구재단의 지원을 받아 수행된 연구임, NRF-2015S1A3A-2046903). 이 책의 구성과 일부 내용에 대한 연구팀의 여러 선생님들의 조언에 감사드리고, 책의 초고를 꼼꼼하게 읽고 상세한 논평을 해 주신 가톨릭대학교 박건영 교수님께 감사의 말씀을 드린다. 아울러 연구조교 업무를 성실하게 이행해 준 이재현, 이보미, 김재영 석사에게도 고마움을 표하고 싶다.

미국에서 학위를 받고 귀국해서 모교에서 강의를 시작한 지도 벌써 24년이 되어 간다. 항상 은사님들께 받은 학은을 학생들과 제자들에게 제대로 돌려주고 있는지에 대한 걱정이 앞서는 것이 사실이다. 이 책은 필자가 국제정치에 대한 학문적인 관심과 문제의식을 갖게끔 해 주신 서울대학교 외교학과의 은사님들께 드리고자 한다.

2016년 가을이 깊어 가는 양평에서
필자

차례

머리말 v

제1장 서론 1

제2장 분석틀: 삼각관계 7

1. 유형과 관계 9
2. 적용과 보완 14

제3장 이론적 논의 17

1. 세력균형론, 세력/패권전이론, 위협균형론과 안보 딜레마 18
2. 위협전이론과 양면 안보 딜레마 25

제4장 역사적 사례 31

1. 식민주의 32
2. 냉전 40
   1) 중국의 한국전쟁 참전 43
   2) 샌프란시스코 체제 64

제5장 탈냉전: 사각관계와 측면연계의 상호의존성 85

1. 미중관계의 역동성과 한미/한중관계 88
2. 미일관계의 연속성과 한일관계 97
3. 중일관계의 모호성과 한국 107

제6장 동아시아 다자주의의 세 유형 115

1. ASEAN Way 119
2. 아시아/태평양 협력 124
3. 한중일 삼자주의 129

제7장 단위의 문제: 다변화된 2차적 상징 137

제8장 결론: 한국의 전략 147

참고문헌 157
찾아보기 173
발간사 177

제1장

서론

21세기 초반 세계정치의 특성으로 'G2'와 '아시아의 세기'라는 두 가지 측면이 논의되고 있다. 탈냉전 초기의 다극체제와 9·11 이후의 단극체제의 시기를 거쳐 글로벌 금융위기가 발생한 2008년, 혹은 중국이 상대적으로 적극적인 세계전략을 구사하기 시작한 2010년 이후의 세계는 G2라는 새로운 양극체제로 면모하고 있는 것으로 인식되며,[1] 20세기가 '미국의 세기'로 불렸던 것에 비해 21세기는 중국이 세계의 초강대국 역할을 맡게 되는 '아시아의 세기'로 불릴 가능성이 있다고 지적되는 것이다.[2] 중국의 부상으로 특징지어지는 이러한 양상은 우리에게 있어 세계적/지역적 수준에서 모두 커다란 대외적 환경의 전환을 의미한다.

1 G. Garrett, "G2 in G20: China, the United States, and the World after the Global Financial Crisis," *Global Policy*, 1, 1, 2010을 참조할 것.

2 필니(Pilny)는 "지중해는 과거의 바다이고, 대서양은 현재의 바다이며, 태평양은 미래의 바다이다."라는 20세기 초반 헤이(Hay)의 말을 인용하면서, 21세기는 중국이 세계의 초강대국 역할을 맡는 복잡하고 다극화된 세기가 될 것이라고 예견하였다. 카를 필니 저, 이미옥 역, 『아시아의 세기』, 에코리브르, 2006, p. 5, 357. 마부바니(Mahbubani)도 서구의 부상이 세계를 전환시켰듯이 아시아의 부상도 유사하게 세계의 의미 있는 전환을 가져올 것이라고 주장한다. K. Mahbubani, *The New Asian Hemisphere: The Irresistible Shift of Global Power to the East*, Public Affairs, 2008, p. 1.

즉 이전의 냉전기 양극체제에서의 아시아는 수동적인 입장에 있었다고 한다면, 새로 등장하는 G2의 체제에서 아시아는 능동적인 위치를 차지하고 있다. 인접국인 중국의 부상은 우리에게 새로운 지정학적, 지경학적 구도를 부과하고 있으며, 우리는 이에 대응하는 새로운 국가전략의 수립을 요구받고 있다고 할 수 있다. 이를 외부적 환경의 변화에 대해 수동적인 대응을 하는 '반응국가(reactive state)'의 입장에서 추진하는 것과, 일정한 자율성의 범위를 전제하고 구조의 전환에 상응하는 '주체(agent)'의 관점에서 모색하는 것은 큰 차이가 있다. 이 연구는 후자의 견지에서 한국의 국가전략 문제를 다루고자 한다.[3]

여기서 중요한 점은 다양한 형태의 아시아 지역주의가 경쟁적으로 대두되고 있는 상황에서 한국의 입장에 적합한 '지역'의 범주와 지역정책의 내용은 무엇인가 하는 점이다. 중국이 자신을 중심으로 하는 '광역 아시아'의 공간을 상정하고 일본은 미국과 연결된 '아시아/태평양'을 자신의 지역적 토대로 삼고 있는 것에 반해,[4] 이 연구는 한국이 한국, 북한, 중국, 일본을 핵심으로 하는 '동북아'를 전략적 지역의 무대로 하는 것이 적절할 수 있으며, 따라서 '한중일 관계'의 고찰이 학문적/실천적 의미를 갖는다고 본다.[5]

3 두 개념의 이해를 위해서는 K. Calder, "Japanese Foreign Policy Formation: Explaining the Reactive State," *World Politics*, 40, 4, 1988; A. Wendt, "The Agent-Structure Problem in International Relations Theory," *International Organization*, 41, 3, 1987을 볼 것.

4 AIIB(Asia Infrastructure Investment Bank)와 TPP(Trans-Pacific Partnership)가 각각 전형적인 예가 될 것이다.

5 동아시아 혹은 동북아에 어떤 나라들이 포함되는가는 분명치 않다. 국제연합의 분류에 따르면 동아시아(Eastern Asia)에는 중국, 일본, 한국, 북한, 대만, 몽골이 포함되며, 이는 동남아시아와는 구분되고 있다. 그러나 경우에 따라서 동남아가 동아시아의 부분인 것으로 서술되는 경우도 있어서 여기에서

한중일 세 나라는 이익이나 제도의 변수를 넘어서는 관념적 요인과 역사적 경험을 공유하고 있으며, 이는 그 해석과 활용의 방식에 따라 갈등의 요소인 동시에 협력의 요소가 될 수도 있다. 우리에게 있어 중국과 일본은 동남아, 중앙아시아, 태평양의 국가들과는 본질적으로 다른 '관계적'인 양상을 가져왔으며, 이는 단순한 지리적 인접성에 기인하는 것만이 아닌 근대 이전의 왕조 간의 연결, 문화의 교류, 문자의 공용 등의 다양한 요소를 포함하고 있는 것이다.[6] 하지만 한중일 관계에 대한 국제정치학적 연구는 이 주제에 대한 문화비평이나 시사적인 성격의 연구의 풍부함에 비해 그다지 체계적으로 이루어지지 못하고 있다. 김용운이나 이어령의 저작은 한중일 관계의 과거, 현재, 미래의 이해에 있어 많은 통찰력을 제공하고 있으며,[7] 우수근이나 우석훈의 저작도 새로운 한중일 관계의 모색에 큰 실천적 함의를 갖는다.[8] 그러나 동아시아의 핵심적인 축으로서의 한중일 삼자관계에 대한 국제정치적 검토는 지역으로서의 동북아나,[9] 한중, 한일, 중일의 양자관계에 대한 연구에 주로 치중되어 온 것으로 보인다.[10] 따라서 이 연구는 세 나라 사

는 동북아의 지역구분을 사용하고자 한다.

6 이러한 점에서 한중일 관계는 이용희가 제시하는 이른바 '권역'의 요소를 부분적으로 갖고 있다고 볼 수 있다. 이용희, 『일반국제정치학(상)』, 도서출판 이조, 2013, pp. 65-67을 참조할 것.

7 김용운, 『풍수화: 원형사관으로 본 한중일 갈등의 돌파구』, 맥스미디어, 2014; 이어령, 『이어령의 가위바위보 문명론』, 마로니에북스, 2015.

8 우수근, 『21세기 한중일 삼국지』, 두리미디어, 2006; 우석훈, 『촌놈들의 제국주의: 한중일을 위한 평화경제학』, 개마고원, 2008.

9 동북아경제중심추진위원회, 『동북아경제중심 추진의 비전과 과제』, 국정홍보처, 2003; 이수훈, 『동북아 공동의 미래를 생각한다』, 선인, 2013.

10 R. M. Bean, *Cooperative Security in Northeast Asia: A China-Japan-South Korea Coalition Approach*, National Defense University, 1990과 전홍택·박명호 편, 『동아시아 통합전략 II: 한중일을 중심으로』, KDI, 2011은 삼국 간의 안보,

이의 관계를 단순한 양자관계의 합이 아닌 서로 밀접하게 연관되어 있는 유기적인 삼자 간 관계로 간주하고 이에 대한 이론적이고 역사적인 분석을 하려고 하며, 그를 통해 21세기 한국 대외정책의 지향점을 고려해 보고자 하는 것이다.[11]

이 책의 본문은 크게 여섯 부분으로 이루어진다. 첫 번째 분석틀에서는 이 연구의 기초가 되는 삼각관계 프레임의 내용과 적용의 논의가 행해지며, 두 번째 이론적 부분에서는 기존의 안보이론에 대한 검토와 지역적 보완의 문제가 다루어진다. 세 번째는 식민주의와 냉전기 한중일 관계에 대한 역사적 고찰에 해당하며, 네 번째는 현재의 한중일 관계에 미국의 변수를 더해서 사각관계를 형성하는 여섯 양자관계의 탈냉전적 역동성을 살펴볼 것이다. 다섯 번째는 양자, 삼각관계를 포괄하는 동아시아 다자주의의 양상을 분석하고, 여섯 번째는 한중일 각각의 단위의 문제를 성찰한다. 마지막 결론 부분에서는 본문의 논의와 연결된 한국의 전략에 대한 고려가 행해질 것이다.

경제관계에 대한 유용한 선행연구다.

11 한중일 삼국 간 관계에 관한 기존 연구에서 흥미로운 것 중의 하나는 비교정치학자인 임혁백의 작업이다. 임혁백, 『한반도와 동아시아의 안보와 평화: 불가능주의에서 가능주의로』, 한울아카데미, 2014, 제2장, 한국의 대국가 전략의 변환: 동아시아 삼각 균형 체제. 하지만 이 연구는 연성 균형과 외적 균형을 해법으로 제시하면서, 삼국 관계 내부의 핵심적 문제를 상대적으로 비껴 간 느낌을 주고 있다.

제2장

분석틀: 삼각관계

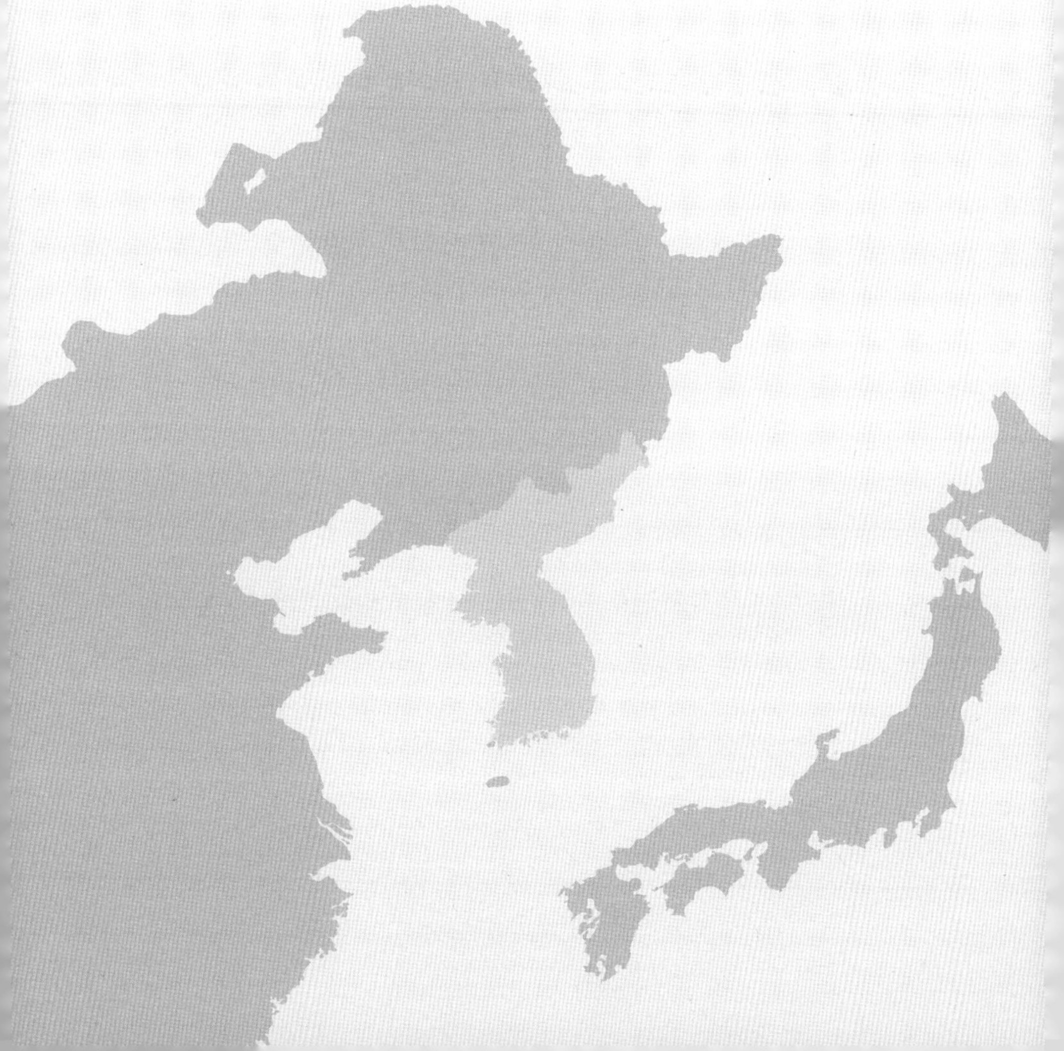

이 연구는 한중일 관계를 이해하고 설명하는 데 있어 '협력과 갈등에 대한 유인과 제약이 지속적으로 존재하는 상호의존적인 세 단위 간의 관계'라는 '삼각관계'의 분석틀을 원용하고자 한다. '가장 단순한 복잡성(complexity)의 유형'으로서의 삼각관계는 개인, 집단, 국가 사이의 다양한 관계 양상을 포괄하고 있으며, 여러 학문 분야에서 분석적 개념으로 사용되고 있다. 삼각관계의 체제는 루만(Luhmann)이 이야기한 대로 자신과 외부적 환경이 구별되면서 복잡성이 관리, 감축될 수 있는 대상이라고 할 수 있다.[1] 즉 동아시아의 전략적 환경을 동북아 지역의 범주로, 그리고 다시 한중일 삼각관계로 좁히면서 분석을 정교하게 하는 것이다.

1 또한 루만의 체계이론은 기존의 이론과는 달리 체계가 주어진 것이 아니라 상호작용에 의해서 만들어지는 창발적인(emergent) 것이라고 보고 있다는 점에서 국제체제, 특히 지역수준의 체제 분석에 시사점을 준다. 니클라스 루만 저, 윤재왕 역, 『체계이론 입문』, 새물결, 2014를 참조할 것. 루만 이론의 국제관계에 대한 적용을 위해서는 M. Albert and L. Hilkermeier, eds., *Observing International Relations: Niklas Luhmann and World Politics*, Routledge, 2014를 볼 것.

1. 유형과 관계

사회학자인 캐플로우(Caplow)는 삼각관계에 대한 그의 고전적인 연구에서 힘의 분배에 따른 A, B, C 사이의 여섯 가지의 삼각관계 유형을 다음과 같이 제시하였다.[2]

첫 번째: A, B, C가 모두 동등한 힘을 보유한 경우

두 번째: A가 (동등한 힘을 가진) B, C보다 힘이 강하지만 압도적이지는 않은 경우

세 번째: B와 C의 힘이 동등하고 A가 상대적으로 약한 경우

네 번째: A의 힘이 (동등한 힘을 가진) B와 C의 힘을 합친 것보다 훨씬 강한 경우

다섯 번째: B와 C의 힘이 다르기는 하지만 합쳐지면 A보다 강한 경우

여섯 번째: A, B, C 힘이 모두 다르지만 A의 힘이 B와 C의 힘의 합보다 강한 경우

저자는 서로가 상대 행위자를 통제하려는 의지를 가지는 각각의 양상에 대한 논의를 통해서 삼각관계의 상황에서는 경우에 따라 힘이 강한 행위자보다 힘이 약한 행위자가 상대에게 선호된다는 점을 보여 준다.[3]

2 T. Caplow, "A Theory of Coalitions in the Triad," *American Sociological Review*, 21, August 1956.

3 각 유형의 검토는 대부분의 경우에서 상대적인 약자에게 유리한 선택이 존재함을 보여 주고 있다. 즉 두 번째 유형에서 상대적 약자인 B와 C는 협력을 통해 A에 대한 우위를 확보할 수 있고, 세 번째와 다섯 번째 유형에서 가장 약한 행위자인 A와 C는 다른 두 행위자의 구애를 받을 수 있으며, 세 번째 유형의 A와 다섯 번째 유형의 C는 어떤 선택을 하더라도 자신의 상황을 개선할 수 있고, 네 번째와 여섯 번째 유형에서도 약자인 B와 C는 최강자인 A

정치학자인 디트머(Dittmer)는 이와 같은 삼각관계의 틀을 국제정치에 적용하면서 아래와 같은 세 가지의 유형을 상정하였다.[4]

첫 번째: 세 행위자가 모두 우호적인 관계를 맺고 있지만, 기본적으로 불안정한 속성을 갖는 '삼자동거'의 모델

두 번째: 한 행위자가 다른 두 행위자와 각각 우호적인 관계를 맺고 있고, 다른 두 행위자는 적대적인 관계를 갖는 '낭만적 삼각관계'의 모델

세 번째: 가장 내구성이 있는 것으로, 두 행위자는 우호적인 관계를 맺고 있지만 다른 한 행위자는 두 행위자와 모두 적대적인 관계를 갖는 '안정적 결혼'의 모델

저자는 이와 같은 분류를 바탕으로 세 행위자가 벌이는 일종의 '교환게임'의 틀을 제시하고 있는데, 중추(pivot)의 역할을 하는 행위자가 주요 분석 대상이 된다. 디트머는 낭만적 삼각관계에서의 중추적 위치가 가능한 가장 유리한 것이라고 지적하는데, 이는 다른 두 행위자로부터의 호의의 존재와 적의의 부재를 통해 이익을 극대화하고 손실을 최소화할 수 있기 때문이라는 것이다.[5]

국제정치학자인 저비스(Jervis)의 글도 가장 단순한 복잡계로서의

에 편승하는 선택이 가능하다.

4 L. Dittmer, "The Strategic Triangle: An Elementary Game-Theoretical Analysis," *World Politics*, 33, 4, 1981.

5 Dittmer, 1981, p. 510. 하지만 중추 역할을 하는 행위자는 다른 두 행위자 사이의 관계에 주의를 기울여야 하는데, 이는 대립이 지나치면 낭만적 삼각관계가 안정된 결혼 관계로 변하게 될 가능성이 있고, 대립이 느슨해지면 중추 역할의 필요성이 줄어들게 되기 때문이다.

삼각관계 안에서 벌어지는 국가 사이의 다양한 관계 유형을 보여 주고 있다.[6] 여기에서 강조되는 것 또한 힘은 상대적으로 열세에 있지만 중추적인 역할을 담당하면서 관계에 영향력을 행사할 수 있는 국가 행위자의 존재 가능성이다.[7] 즉 삼각관계는 캐플로우가 이야기한 대로 초기의 권력분포에 영향을 받지만, 관계의 양상은 디트머나 저비스가 주장하는 것처럼 각 국가의 전략에 따라 달라질 수 있는 것이다. 역사적 사례의 검토를 통한 다음과 같은 저비스의 지적은 현재 시기의 정책적 논의를 위해서도 유용한 것으로 생각된다.[8]

- 두 국가 사이의 관계 개선은 다른 국가에게 영향을 미친다. 한편 관계의 악화는 다른 국가에게 이익을 가져다줄 수 있다.
- 한 국가의 힘이 연합한 다른 국가보다 강하지 않을 때, 그 국가는 다른 국가와의 관계가 악화될 경우 그를 조정하려 한다.
- 한 국가는 적대적인 다른 두 국가가 중요한 경쟁 관계로 거리가 생기면 안보와 협상력을 함께 얻게 된다.
- 어떠한 삼각관계에서 한 국가는 중추적 위치, 즉 그러한 유연성을 결

6 R. Jervis, *System Effects: Complexity in Political and Social Life*, Princeton University Press, 1997, ch. 5. 저비스의 체제이론의 기본적인 전제는 체제 내의 행위자들은 전략적으로 상호적인 관계에 있고, 하나의 행위는 예상치 않은 복합적인 결과를 낳는다는 것이다.

7 중추적 행위자는 다른 두 행위자의 대립을 기대하게 되는데, 강대국의 경우는 자신의 힘을 통해서, 약소국의 경우는 자신의 외교적 유연성을 통해서 이를 관철하려고 한다. 상대적으로 볼 때 약소국보다는 강대국에 의한 중추 역할이 좀 더 자주 관찰되는 것이 사실이다.

8 저비스는 주로 1차 세계대전 전후와 냉전기의 세계정치를 사례로 자신의 논지를 전개한다. 따라서 이러한 논의를 냉전 이후의 한중일 관계에 적용하는데 있어서는 시간적/공간적 맥락의 차이에 대한 고려가 요구된다고 볼 수 있다.

여한 다른 두 국가와 각각 제휴할 수 있는 능력을 확보하게 되며, 그 것은 균형자의 역할과 유사하다.

- 중추적인 국가는 자신의 재화를 위해서뿐만이 아니라 광범위한 이익을 위해 다른 국가들의 행동에 영향을 미칠 수 있게 된다.
- 한 국가가 다른 국가와의 마찰을 봉합하려 하는 것은 다른 세 번째 국가에 대한 의존으로부터 자유로워지려는 목적에 따른 것일 수 있다.
- 무엇이 한 국가가 두 국가 중 하나에 의존할 수밖에 없게끔 만들기보다는 그중 하나를 선택할 수 있도록 하는가? 지리적 요인이 그러한 역할을 한다.
- 한 국가가 중추적인 위치를 갖게 되는 것은 자신의 행동보다도 다른 두 국가 사이의 증대되는 갈등에 기인하기도 한다.
- 하지만 중추적인 국가가 갖는 행동의 자유 그 자체가 약점일 수도 있으며, 다른 국가들은 마찬가지로 명백한 이유에 따라 중추적 국가를 경원할 수도 있다.
- 실질적으로 상대 국가 간의 간극을 증대시키는 것에 더해서, 혹은 그에 대신해서, 한 국가는 자신이 더욱 많은 외교적 유연성을 갖고 있다고 주장할 수 있다.
- 국가들은 대략 그들 모두에게 가능한 대안의 비율에 따라 실질적이거나 혹은 잠재적인 동맹 상대국에 대한 협상력을 얻거나 잃게 된다.
- 한 국가는 다른 국가와의 밀고 당김을 통해 대안을 얻게 될 수도 있다.
- 취약성도 한 국가의 자산이 되기도 하나, 그것은 단지 다른 국가가 그 국가를 필요로 하는 경우에 한정된다.
- 한 국가는 대항하는 연합의 한 국가를 약화시킴으로써 그 연합을 분열시키지는 못할 수도 있다. 만약 다른 한 국가가 그 국가에 의존하고 있다면, 그 국가는 곤경에 빠진 국가를 지원할 수밖에 없을 것이기 때문이다.

- (아마 연애에서처럼) 정치에 있어서도 당신의 다른 행위자에 대한 필요성의 인정은 당신 자신을 불리한 위치에 놓이게 할 수 있다.
- 무엇이 국가들 사이의 협상력의 분포를 결정하는가? 그들의 상대국보다 더 약하고 불만족한 국가들이 협상력을 갖게 되는 것은 우연한 것 이상이며, 엄격하게 결정되는 것만은 아니다. 만약 강대국이 그들을 필요로 한다면 작은 국가들은 덜 불리한 위치에 놓이게 될 것이다.
- 한 국가가 자신의 동맹국들에 대해 갖는 협상 수단은 대략적으로 다음의 사항에 의해 결정된다. 지원에 대한 각각의 필요성, 그들에게 가능한 대안들, 그리고 한편으로는 그들이 원조를 위해 부담하는 비용을 증대시키고 동시에 그 지원을 받지 못한다면 동맹으로부터 이탈할 것이라는 그들의 위협에 대한 신빙성을 부여하는 그들의 취약성이 그것이다
- 두 국가 간의 관계는 그들 각자 사이의 현존하거나 지향되는 관계, 그리고 제3국에 의해 크게 영향을 받는다. 두 국가 사이의 관계 변화는 광범위하거나 종종 예상하지 못한 결과를 낳기 때문에 체제 내의 상호연관성은 체제의 변형을 가져오게 된다. 국가들이 서로 협상을 할 때 그들은 그들의 상대보다 더 많은 대안을 가지려 하고, 그의 원인 혹은 결과에 의해 삼각관계에서 중추적인 위치를 얻으려 한다. 구조는 국가들의 필요와 대안에 큰 영향을 미치고, 결과적으로 협상력을 결정하게 된다. 물리력에 있어 약한 국가는 체제가 구조적으로는 다극적이며 행태적으로는 양극적일 때 큰 영향력을 가질 수 있는데, 이는 그들의 필요성과 취약성이 함께 존재하게 되기 때문이다. 하지만 양극성하에서도, 인지된 필요성과 대안에 대한 분석은 우리에게 언제 약한 동맹국이 큰 영향력을 가질 것인지를 파악하는 데 도움을 준다.

여기에서 나타나는 구조의 중요성과 비결정성에 대한 논의는 위에서 언급된 국제정치이론에서의 주체-구조 문제와 연결되고 있으며, 이는 세력 분포의 영향 아래서 관계 형성에 관한 전략적 고려의 중요성을 나타내는 것이라 할 수 있다.[9]

2. 적용과 보완

디트머는 자신의 전략적 삼각관계의 틀을 냉전기 미중소 관계의 사례에 원용하였다. 그에 따르면 1949년부터 1960년까지의 시기는 중·소가 동맹을 유지하고 미국에게 적대적이었던 '안정적 결혼'의 모델에 해당되며, 1960년부터 1969년까지의 시기는 적절한 모델의 적용이 어려운 시기였으며, 1970년부터 1978년까지의 중소갈등과 데탕트의 시기는 미국이 중심축이 되는 '낭만적 삼각관계'의 모델에 해당되는 기간이라고 설명하고 있다.[10]

우승지는 미중소 관계에 더해서 삼각관계의 분석틀을 동아시아의

9 Wendt, 1987. 따라서 주체, 구조의 논쟁에 더해 관계가 갖는 존재론적 의미에 대한 논의가 필요한 것으로 보이며, 이는 최근 네트워크 이론에서 제기되는 '관계적 권력'의 문제와 연결된다. 그 한 예로 구조적 공백 상태에서 브로커(broker)의 권력에 대한 버트(Burt)의 연구를 들 수 있다. R. Burt, *Structural Holes: The Social Structure of Competition*, Harvard University Press, 2009를 볼 것.

10 Dittmer, 1981. 디트머는 최근의 연구에서 미중일 삼각관계에서 미국의 중추적 역할에 대해 논의하고 있다. L. Dittmer, "Japan, China, Russia, and the American "Pivot": A Triangular Analysis," in T. Inoguchi and G. J. Ikenberry, eds., *The Troubled Triangle: Economic and Security Concerns for the United States, Japan, and China*, Palgrave Macmillan, 2013.

여러 관계, 즉 한미일, 북중소, 한북중, 한북미, 한북일 등의 사례에 적용하면서, 이 틀이 동북아시아와 한반도의 국제정치를 이해하고 설명하는 데 있어서, 그리고 한국의 대외정책의 논의에 있어서 유용한 도구라는 점을 강조한다.[11] 저비스와 마찬가지로 우승지도 삼각관계를 구성하는 양자관계와 다른 행위자 사이의 상호작용, 즉 측면연계(lateral linkage)의 역학과 관계의 상호의존성에 대한 분석의 필요성을 지적하면서,[12] 갈등과 협력의 변화 양상을 함께 고찰하는 연구 방식을 제안하고 있다.

이와 같은 삼각관계의 틀을 한중일 관계의 분석에 활용하려면 우선 기존 연구의 전제와 한중일 관계의 특성에 대한 비교가 선행되어야 한다. 권력 분포의 영향과 상대 행위자에 대한 통제 의지를 전제로 한 캐플로우의 삼각관계 모델의 전제는 한중일의 국가 간 삼각관계의 분석에 대체적으로 적용될 수 있을 것이다. 그러나 각 행위자가 갖는 전략적 의미와 정당한 자율성 인식의 존재를 전제로 하는 디트머의 '전략적' 삼각관계의 모델은 두 번째 전제에 있어 한중일 관계의 역사적 고찰에 관하여 유보적인 측면을 갖는다. 즉 조선과 청 사이의 종주권 관계나 미국이 전시작전권을 보유한 한미동맹의 특성에 대한 논의가 필요하게 되는 것이다. 그리고 지역적 체제로서의 한중일 관계는 식민주의 시기의 열강이나 냉전기의 미·소, 그리고 탈냉전기의 미국과 같은 역외세력의 역할과 불가피하게 연계되어 있으면서 보다 상위의 양자관계, 즉 식민주의 시기의 영러관계, 냉전기의 미소관계, 탈냉전기의 미중관계의 영향을 받는다는 점과, 때로는 냉전기의 북중소 관계와 한미일 관

11 S. Woo, "Triangle Research and Understanding Northeast Asian Politics," *Asian Perspective*, 27, 2, 2003.

12 즉 삼각관계 내 한 국가의 안보는 다른 두 국가 사이의 관계 속성에 영향을 받게 된다는 것이다. Woo, 2003, p. 51.

계, 현재의 한미일 관계와 같은 또 다른 삼각관계와 중첩적인 관계를 갖는다는 점, 그리고 한반도의 분단체제, 양안관계, 일본의 평화헌법과 같이 구성단위가 주권적 특수성을 갖고 있다는 점이 검토되어야 할 것이다. 마지막으로는 우승지가 지적한 것처럼 한중일 삼각관계는 행위자 사이 권력의 비대칭성이 전형적으로 나타나는 관계라는 점 또한 고려되어야 한다. 그럼에도 불구하고 하나의 분석적 범주로서 한중일 관계에 대한 고찰이 필요한 이유는 기본적으로 그것이 갖는 지리적 인접성과 관념과 역사의 공유라는 '지역'으로서의 특성에 있다고 할 수 있다.

제3장

이론적 논의

역사학자들은 국제정치이론의 대부분이 '변화'를 설명하는 데 취약하다고 비판하고 있지만, 국제정치학의 여러 이론들은 체제의 전환과 그 결과에 관한 여러 가지 설명의 틀을 제공하고 있다. 여기에서는 한중일 관계, 혹은 그에 영향을 미치는 상위 관계의 변화에 관한 기존의 이론들을 고찰하고 그에 대한 보완의 가능성을 생각해 본다. 즉 이 연구에서는 한·중·일 각국의 국제정치이론을 모색하기보다는 중범위 이론(middle-range theory)으로서 동북아 지역이론의 의미를 상정하고,[1] 보편이론으로서 주류 서구이론의 적실성을 검토한 후 이에 대한 대안 내지는 보완적 논의의 가능성을 고려해 보고자 하는 것이다.[2]

1 중범위 이론의 개념을 위해서는 R. Boudon, "Review: What Middle-Range Theories Are," *Contemporary Sociology*, 20, 4, 1991을 참조할 것.

2 한국에서의 보편이론의 서구중심주의에 대한 논쟁을 위해서는 강정인, 『서구중심주의를 넘어서』, 아카넷, 2004와 김경만, 『글로벌 지식장과 상징폭력: 한국 사회과학에 대한 비판적 성찰』, 문학동네, 2015를 볼 것. 서구의 국제체제/국제사회는 공간적, 시간적으로 자체의 특수성을 가지나, 이는 국제화의 과정을 통해 근대적인 보편성을 획득하였고, 아직도 연속성의 측면을 보유하고 있다고 할 수 있다. 동아시아도 물론 자신의 지역적 차별성을 갖고 있으나, 근대 이래의 동아시아 국제관계가 갖는 특수성은 세계적인 보편성과의 관계 속에서 논의되어야 하며, 이와 같은 특수와 보편의 상호작용 속에서

소위 '한국적 국제정치이론'에 대한 논의는 오랜 기간 동안 지속되어 왔다. 그러나 사회과학적 지식의 지리적·역사적 상대성에도 불구하고,[3] 국가 단위의 국지적 국제정치이론을 제시한다는 것은 자기중심성이나 편협성의 오류를 낳을 우려가 있으며,[4] '관계이론'이 아닌 '전략이론'에 치우치게 될 가능성이 많다.[5] 그러한 점에서 규범이론이 아닌 설명이론의 유형적인 틀로서 동북아 국가관계의 이론을 모색하는 것이 보다 적절할 것으로 보이며, 이러한 노력은 개별 국가의 차원과 전지구적 차원을 매개하는 지역적인 분석수준의 역할을 규명하는 것에 도움을 줄 수 있을 것이다.

1. 세력균형론, 세력/패권전이론, 위협균형론과 안보 딜레마

아직까지 국제정치학에서 있어서 주류이론은 세력균형론이라고 할 수 있으며, 한중일 관계의 변화에 대한 고찰에 있어서도 이는 일차적인 분

지역에 대한 이해와 그 이론적 의미가 검토될 수 있을 것으로 생각된다.

3 M. Weber, "'Objectivity' in Social Sciences and Social Policy," in M. Weber, *The Methodology of the Social Sciences*, Free Press, 1949를 볼 것.

4 천하질서를 재강조하는 중국의 '청화학파'의 예처럼 자국의 현대 국제정치이론의 근거를 전근대의 역사에서 찾으려는 이른바 '고고학적 접근'도 이에 해당할 것이다. X. Yan and J. Xin, eds., *A Selection of Pre-Qin Theories of Interstate Relations*, Fudan University Press, 2008을 볼 것.

5 물론 호프만(Hoffmann)이 지적하듯이 보편적, 혹은 과학적인 관계이론 자체가 특정 국가의 세계전략과 연동되고 있다는 비판도 존재한다. S. Hoffmann, "An American Social Science: International Relations," *Daedalus*, 106, 3, 1977.

석의 기준이 될 수 있다. 세력균형론에서 세력균형의 의미가 무엇인가는 아직도 명확치 않으나, 이는 때로는 법칙에 가까운 경험적인 현상을, 또는 근대국제정치의 원칙이자 관행을, 어떠한 경우에는 국가들의 정책 목표를 뜻하기도 한다.[6] 체제의 안정성 측면에서 세력균형론은 무정부 상태에서 국가가 편승(bandwagoning)보다는 균형(balancing)을 통해 안정을 모색한다고 보며, 국제관계사에서 한 국가의 압도적인 세력을 견제하기 위한 반패권 동맹의 등장을 그 예로 들고 있다.

대표적인 세력균형론자인 월츠(Waltz)는 기본적으로 다극체제보다 양극체제가 안정적인 것으로 파악하는데, 그러한 주장에 따르면 중일, 혹은 미중 간의 세력이 비슷해지면 국제체제/지역체제의 안정성이 증대될 것이라는 추론이 가능하다. 세력균형론의 시각에서 미중관계를 분석하는 대표적인 학자인 로스(Ross)는 탈냉전기의 아시아를 기본적으로 양극체제로 규정하고, 해양국가/해군중심의 미국과 대륙국가/육군중심의 중국이 병립하는 지정학적 안정성의 가능성을 제시한 바 있다.[7] 하지만 중국의 부상 속도가 상대적으로 빨라지면서 낙관론은 약화되었으며, 중국의 해양대국화에 따른 갈등 가능성 증대의 문제가 지적되었다.[8] 이와 같은 주장은 다음의 세력전이론 논의와 연결된다.

세력전이론을 지지하는 학자들이 보기에 세력균형론은 국가들 사이의 세력 변화와 그에 따른 국제체제의 전환, 국가들 간의 분쟁 가능성

6 김태현, 「세력균형론」, 우철구·박건영 편, 『현대 국제관계이론과 한국』, 사회평론, 2004를 볼 것.

7 R. Ross, "The Geography of the Peace: Great Power Stability in Twenty-first Century East Asia," *International Security*, 23, 4, 1999; R. Ross, *Chinese Security Policy: Structure, Power and Politics*, Routledge, 2009에서 인용.

8 서정경, 「동아시아지역을 둘러싼 미중관계: 중국의 해양대국화를 중심으로」, 『국제정치논총』, 50, 2, 2010; 차도회, 『동아시아 미·중 해양패권 쟁탈전』, 북코리아, 2012를 참조할 것.

을 적절하게 설명해 내지 못하고 있다. 이에 따르면 우선 동맹의 형성을 통한 국력의 증대라는 가정은 비현실적이며, 산업화 이후 체제에서의 국력 증대는 동맹관계와 같은 외적인 방법보다는 산업화를 통한 경제 성장과 같은 내적인 요인에 의해서 이루어진다는 것이다. 그리고 체제의 위기는 불만족 국가군에 속해 있던 강대국 중 하나가 산업화를 통해 국력을 급격하게 신장시키게 될 때 나타나게 된다고 본다.[9] 따라서 세력균형론이 그 결과가 안정적이라고 보는 변화의 양상에 대해 세력전이론은 상반된 주장을 제시한다고 할 수 있다.

한국의 대표적인 세력전이론자인 김우상은 세력전이론을 통한 21세기 동아시아 국제정치의 분석에 대해 다음과 같이 이야기하였다.

> 중국과 같이 급성장하는 불만족 국가가 미국을 중심으로 하는 동아시아 안보질서에 대한 도전세력으로 등장할 때, 동아시아 지역에서 세력전이 전쟁의 가능성은 높아진다.
>
> 만일 가까운 장래에 중국의 국력이 일본을 능가하고, 미국까지 따라잡게 된다면 이들 두 세력 간의 전쟁 가능성은 높아질 것이다. 두 세력 간의 세력전이 상황, 두 세력 간의 국력균형, 중국의 동아시아 안보질서에 대한 불만족도, 특히 대만문제를 둘러싼 미·중 간의 대립, 중국과 일본 간의 조어도(또는 센카쿠 제도) 영토분쟁 등으로 인한 양자 간의 불만족도 등은 중국과 미일동맹 간의 전쟁 가능성을 높이는 것으로 전망된다.[10]

9 김우상, 「세력전이론」, 우철구·박건영 편, 2004.

10 김우상, 2004, p. 139. 무정부성을 전제로 하는 세력균형론에 비해 위계성의 요인을 인정하는 세력전이론은 천하, 제국, 냉전으로 이어진 동아시아 국제체제의 설명에 있어 상대적인 적실성을 가질 수 있다. 위계성에 대한 이론적 논의의 예로는 D. Lake, "Anarchy, Hierarchy, and the Variety of International

그러나 세력균형론과 세력전이론은 주로 물질적 측면의 능력 변화를 독립변수로 하고 있다는 점에서 미중관계나 중일관계의 분석에 있어서 제한점을 갖는다. 따라서 두 이론의 연성권력이나 불만족도의 고려에서 나타나는 것과 같은 국제관계의 관념적 요인에 대한 보다 포괄적인 검토가 이루어져야 할 필요가 있다. 세력보다는 패권의 개념을 차용하여 체제의 전환 양상을 고찰하는 패권전이론은 이와 같은 목적에 부합할 수 있다. 한 예로 길스(Gills)는 세계, 혹은 지역질서를 지배하는 패권의 구조는 물질적인 요인뿐만 아니라 문화적, 관념적, 그리고 역사적 요인으로 이루어져 있다는 그람시적인 관점을 수용하여 동아시아 패권 이전의 양상을 고찰한다. 그에 따르면 전통중화질서에서 경계적 지위를 갖고 있던 일본은 서구 근대질서의 침투기에 빠르게 적응하여 자신을 중심으로 한 패권적 질서를 동아시아에서 구축하고자 하였다. 하지만 중국을 독점하려 했던 일본의 시도는 결국 태평양전쟁으로 귀결되었고, 일본 제국의 해체 이후 미국이 이 지역에서 패권을 이어받게 되었다. 이어서 길스는 미국의 패권은 일국의 지배라기보다는 탈군사화된 일본과 다른 국가들의 엘리트를 중심으로 동아시아를 경제적으로 통합하는 형태를 띠게 되었다고 설명하고 있다.[11]

국가들이 세력의 변화에 대해서가 아니라 위협의 변화에 대해서 균형을 추구한다고 보는 위협균형론도 역시 관념적 변수의 역할을 강

Relations," *International Organization*, 50, 1, 1996을 볼 것.

11 B. Gills, "The Hegemonic Transition in East Asia: A Historical Perspective," in S. Gill, ed., *Gramsci, Historical Materialism and International Relations*, Cambridge University Press, 1993. 이와 같은 논의는 체제전환의 군사안보적-정치경제적 연계(nexus)를 보여 준다는 점에서도 그 의미를 갖는다. 이러한 통합은 뒤에서 서술되는 것처럼 '관념동맹(ideational alliance)'이라는 형태로 또 다른 측면의 연계로 표현되었다.

조한다. 즉 적의가 국가 능력의 분포와 그 변화에 따라 구조적으로 생겨난다는 신현실주의의 입장과는 달리 개별국가의 정체성과 정책결정자의 의도가 중시되며, 이는 구성주의 혹은 신고전적 현실주의적 접근에 대한 고려를 필요로 하게 되는 것이다. 위협균형론자인 월트(Walt)는 다음과 같이 이야기한다.

> 균형과 편승은 대개 능력의 견지에서 정해진다. 균형은 약한 편과의 연합이고 편승은 강한 편과의 연합이다. 하지만 이와 같은 개념화는 국가지도자들이 누구와 동맹을 맺을 것인가를 결정하는 데 있어 고려하는 다른 요인들을 고려하도록 수정되어야 한다. 비록 세력이 이 방정식에 있어 중요한 부분이지만 유일한 것은 아니다. 국가들은 더욱더 큰 위협을 부과하는 대외적 세력에 대항하여 동맹을 형성하게 된다. 예를 들어서 국가들은 약한 국가가 어떤 이유에서 좀 더 위협적이라면 다른 강력한 국가와 동맹함으로써 균형을 추구하기도 하는 것이다.[12]

이에 따르면 중국의 부상과 그것이 가져오는 잠재적인 위협에 대해 미일을 중심으로 한 대항동맹 형성의 가능성이 제시되며, 그 결과로서의 균형, 즉 소극적인 평화(cold peace)가 도래한다는 추론이 행해질 수 있다. 여기서 중요한 것은 중국의 물질적 능력의 변화와 그에 따른 세력의 전환이 아니라 중국 혹은 중국의 정책결정자가 위협적인가의 문제이며, 이는 빈번하게 거론되는 '중국위협론'에 해당한다. 하지만 이와 같은 위협균형의 논의는 과연 어떠한 국가가 위협적인가의 여부가 객관적으로 평가될 수 있는가, 그리고 위협의 균형을 가져오는 전환의 양

12 S. Walt, *The Origins of Alliances*, Cornell University Press, 1987, pp. 21-22.

상이 과연 안정적인가의 문제에 대해 명확한 답을 제공하지 못하고 있다.

세력균형론과 함께 안보이론의 주류를 형성하고 있는 것은 안보 딜레마의 논의라고 할 수 있다. 한 국가의 군사력 증강은 "비록 그 국가가 그것을 자기 보존을 위해서 사용할 목적을 갖고 있다고 해도" 최소한 불확실성을 야기하며 다른 국가들에게는 실질적인 공포를 제공할 가능성이 있다는 고전적인 안보 딜레마의 주장은 현재에도 많은 이론가와 정책결정자의 사고의 기반을 이루고 있다.[13] 영국학자인 부스(Booth)와 휠러(Wheeler)는 이 주장에 대한 재고를 통해서 안보 딜레마는 상대의 동기, 의도, 물리적 능력에 대한 해석과 가장 합리적인 대응 방식의 선택이라는 두 수준의 전략적 상황으로 이루어진다고 본다. 그들은 상대의 군사적 의도의 잠재적인 복합성 이면에 존재하는 동기를 읽어 내고 그에 대한 적절한 대응을 보여 주는 행위자의 의도와 능력을 '안보 딜레마 민감성(security dilemma sensibility)'이라고 정의하고, 행위자가 그를 결여했을 때 상대의 악의가 아닌 공포를 접하는 경우에도 상호 적의가 증폭되는 '안보 역설(security paradox)'이 등장한다고 설명하고 있

13 K. Booth and N. Wheeler, *The Security Dilemma: Fear, Cooperation and Trust in World Politics*, Palgrave Macmillan, 2008, p. 1. 허즈(Herz)는 인간의 본성이 협력적인지, 갈등적인지는 중요하지 않으며, 이러한 안보 딜레마에 의해서 구조적으로 야기되는 갈등이 정치적 단위들 사이에서 궁극적으로 등장하게 되는 것이 문제라고 지적하였다. 하지만 그는 한편으로 '실현 가능한 이상'에 대한 이론과 실천을 중심으로 하는 현실주의적 자유주의(realistic liberalism)의 필요성을 역설한 바 있다. J. Herz, "Idealist Internationalism and the Security Dilemma," *World Politics*, 2, 2, 1950. 안보 딜레마 논의의 최근 전개를 위해서는 민병원, 「신안보딜레마와 네트워크 국제정치: 이론적 분석」, 『평화연구』, 2013년 봄을 참조할 것.

다.[14] 하지만 동북아 안보의 경우, '민감성'의 존재에도 불구하고 '역설'이 등장하는 맥락이 존재할 수 있으며, 이는 유럽의 사례와는 다른 조건적 맥락에서 행위자의 주체성이나 행위자 내부의 역학에 대한 보충적인 논의가 필요함을 보여 준다고 할 수 있다.[15]

2. 위협전이론과 양면 안보 딜레마

위에서 지적된 것처럼 동북아에서 세력균형론의 적용이 한계를 보이면서, 현재의 이론적 논쟁의 양상은 세력전이론과 위협균형론의 경쟁 구도를 보이고 있다고 할 수 있다.[16] 하지만 과연 동북아의 불안정성 혹은 갈등 상황이 물질적인 권력분포의 변화에 따른 것인가, 중국은 불만족 국가인가, 그리고 관념적인 위협인식의 균형은 과연 지역적인 안정과 협력을 가져올 것인가의 질문은 여전히 제기될 수 있다. 이론적 논의에 있어 물질적 요인과 관념적 요인, 그리고 안정과 불안정이라는 네 변수의 조합인 2×2 행렬을 생각했을 때 위 세 이론적 주장에 덧붙여 고려되어야 할 부분은 관념적 요인의 전환에 따라 불안정성이 도래하는 위협전이의 명제라고 할 수 있을 것이다. 이는 하나의 사건(event)의 발발, 혹은 주체의 투사에 따라 위협이 전이되고, 이렇게 형성된 위협인식이

14 Booth and Wheeler, 2008, pp. 3-10.

15 한일관계나 남북한 관계의 사례가 대표적이라고 할 것이다.

16 이와 함께 '동맹전이'와 '질서전이'라는 새로운 전이론 또한 언급되고 있는데, 전자는 세력전이의 보완적인 내용을, 후자는 패권전이와 유사한 내용을 갖고 있다고 할 수 있다. 정성철, "Unipolarity and Transition," 국제관계연구회 추계학술회의, 2015. 10. 23.

다시 주체의 행위를 통제하는 메커니즘에 대한 검토를 요구한다.[17] 이러한 접근은 비판적 안보연구가 제시하는 안보화(securitization) 이론의 주장과 연결된다. 이 논의에 따르면 안보는 무엇이 보호되어야 할 핵심적인 대상인가, 그리고 그 위협이 어디에서부터 오는가의 문제에 대한 발화행위(speech act)이며, 고정된 의미를 갖는 것이 아닌 사회적 구성물이다.[18] 따라서 안보의 대상과 위협의 소재는 고정된 것이 아니라 한 곳에서 다른 곳으로의 전이가 가능한 것으로 이해될 수 있는 것이다.

안보적 위협에 대한 인식은 본질적(primordial), 구성적(constitutional), 그리고 도구적(instrumental) 측면의 세 부분으로 이루어진다.[19] 국제정치

17 20세기에 있어 두 차례의 세계대전, 한국전쟁, 베트남전쟁, 걸프전, 그리고 2001년의 9·11과 같은 사례는 이러한 사건의 대표적인 예일 것이다. 또한 일부 미국 학자들은 미국이 자신의 대외관계에 있어 적을 '만들어' 온 부분이 있음을 지적한다. 예를 들어 오렌(Oren)은 제국 독일, 나치 독일, 스탈린 치하 소련 등 적 만들기의 역사적 과정을 서술하면서 미국 정치학이 갖는 담론적 성격을 분석하고 있으며, 커밍스(Cumings)와 다른 학자들은 북한, 이란, 시리아가 '악의 축'으로 형성되는 과정을 서술한다. I. Oren, *Our Enemies and US: America's Rivalries and the Making of Political Science*, Cornell University Press, 2003; 부르스 커밍스 외 저, 차문석 역, 『악의 축의 발명: 미국의 북한, 이란, 시리아 때리기』, 지식의 풍경, 2004를 볼 것. 이러한 주장은 정체성 형성에 있어 엘리트의 역할을 강조하는 '표상적 접근(representational approach)'과 유사하다. A. Klotz and C. Lynch, *Strategies for Research in Constructivist International Relations*, M. E. Sharpe, 2007, ch. 4를 참조할 것.

18 안보화 이론에 대해서는 O. Waever, "Securitization and Desecuritization," in R. Lipschutz, ed., *On Security*, Columbia University Press, 1995; R. Taureck, "Securitisation Theory and Securitisation Studies," *Journal of International Relations and Development*, 9, 2006; T. Balzacq, ed., *Securitization Theory: How Security Problems Emerge and Dissolve*, Routledge, 2011을 참조할 것. 9·11에 관한 안보화이론적 분석을 위해서는 이혜정, 「9·11의 (탈)안보화와 미국패권: 대테러전쟁의 구성과 해체」, 『국제지역연구』, 15, 2, 2011을 볼 것.

19 다위샤(Dawisha)는 민족주의에 대한 연구에서 이와 같은 구분을 사용하였다. A. Dawisha, "Nation and Nationalism: Historical Antecedents to

이론 중 신현실주의가 본질적 측면을 강조하고 구성주의가 구성적 측면에 중점을 둔다면, 신고전적 현실주의는 국내정치를 다루면서 도구적 측면을 고려한다고 볼 수 있다.[20] 위협전이의 논의는 상대적으로 구성적 측면과 도구적 측면의 결합의 측면에 주목하는데, 여기서 사건의 발발은 구성적 요인과, 주체의 투사는 도구적 요인과 주로 연결된다. 아래의 커밍스의 니체(Nietzsche) 인용은 위협인식이 갖는 이러한 탄력적인 성격을 잘 보여 준다.

> 하나의 사물의 기원을 이루는 요인과 그 궁극적인 효용, 목적의 체계 속에서의 그것의 실제적인 소비와 그 소재는 세상에 널리 분포한다. 무엇이 존재하고 만들어지든지 간에 그것은 새로운 목적을 위해 지속적으로 재해석된다.[21]

Contemporary Debates," *International Studies Review*, 4, 1, 2002. 그의 분류를 원용한다면 본질적인 것은 상상된 것이 아닌 '실재하는' 위협을, 구성적인 것은 고정되거나 이미 정해진 것이 아닌 '형성되는' 위협을, 그리고 도구적인 것은 정치적, 혹은 물질적인 이익을 위해서 '사용되는' 위협을 지칭한다고 할 것이다.

20 신고전적 현실주의자인 로벨(Lobell)은 안보적 위협의 분석에 있어 체제적 위협, 하부체제적 위협, 국내적 위협이 병존하는 '복합적 위협 정의(complex threat identification)'의 모델을 상정하고, 한 국가의 정부 혹은 사회적 행위자는 상대 국가의 어떤 층위의 권력이 증대되는가에 따라 위협을 정의하고 대외정책적 제휴를 형성하게 되며, 이는 또한 그 국가의 국내적 세력균형에 영향을 주게 된다고 지적한다. S. Lobell, "Threat Assessment, the State, and Foreign Policy: A Neoclassical Model," in S. Lobell et al., eds., *Neoclassical Realism, The State, and Foreign Policy*, Cambridge University Press, 2009.

21 B. Cumings, "Japan as Number One (or Two): The American Preference for Japan in the East Asian Order," Paper presented at the conference, "East Asia and Future Korea in the Gabo Year," Seoul National University, 2014.

왜 유럽과는 달리 아시아, 특히 동북아에 있어서 국제사회적 요소가 결여되어 있고 '연합적 세력균형(associational balance of power)'이 형성되지 않는가를 이해하려면,[22] 도구적 요인에 의한 구성적인 인식의 과잉 문제, 즉 특정 행위자에 대한 위협인식의 부과(혹은 철회)와 과도한 안보화(혹은 탈안보화)의 부분, 그리고 그 배경에 놓여 있는 국내정치적 환경에 대한 고찰이 요구된다. 이러한 점에서 동북아의 안보 상황을 각 국가 간의 관계와 각국의 국내정치가 연결되는 소위 '양면 안보 딜레마'의 틀에서 보는 것이 필요한 것이다.[23] 이와 같은 국제와 국내의 상호작용에 대한 분석은 퍼트남(Putnam)의 '양면게임'이나 부에노 드 메스퀴타(Bueno De Mesquita)의 '전략적 시각'의 논의에 의해 시도되었으나,[24] 전자는 국제정치경제적인 협상의 측면에 초점을 맞춘다는 점과

22 연합적 세력균형의 개념을 위해서는 R. Little, *The Balance of Power in International Relations: Metaphors, Myths and Models*, Cambridge University Press, 2007을 볼 것. 문제해결이론 사이의 논쟁에 해당하는 미 학계의 논의에 비해 이와 같은 영국학파(the English School)의 국제사회론적 접근은 역사적/비교적 연구를 가능케 한다는 점에서 유용성을 갖는다. 국제사회론를 동아시아에 적용한 최근의 작업으로는 B. Buzan and Y. Zhang, *Contesting International Society in East Asia*, Cambridge University Press, 2014를 참조할 것.

23 이는 클로츠(Klotz)와 린치(Lynch)가 이야기하는 표상과 사회적 정체성의 혼합 형태로 볼 수 있을 것이다. Klotz and Lynch, 2007, ch. 4. 즉 엘리트에 의해 위협이 제시되고, 그러한 위협인식이 타국의 엘리트나 자국의 대중에 의해 공유, 확산되어 이후 엘리트의 대외정책적 선택을 규제하는 경로가 존재하는 것이다. 하나의 예로 이명박 대통령의 독도 방문과 이후의 일본과의 정보협정 체결 실패를 들 수 있다. 국가와 사회 수준의 위협인식을 함께 분석한 작업으로는 D. Rousseau, *Identifying Threats and Threatening Identities: The Social Construction of Realism and Liberalism*, Stanford University Press, 2006을 볼 것.

24 R. Putnam, "Diplomacy and Domestic Politics: The Logic of Two-Level Games," *International Organization*, 42, 3, 1988; 부르스 부에노 드 메스키

후자는 합리적 선택이론에 기반 한다는 점에서 양면 안보 딜레마의 논의와 차별성을 갖는다. 즉 양면 안보 딜레마의 상황에서는 협상을 위한 'win-sets'이 아닌 협력을 저해하는 'lose-sets'의 존재가 중요하게 되며, 이와 같은 사회적 수준의 위협인식 검토를 통해 국가 수준의 협력 필요성과 지도자의 의도에도 불구하고 비합리성 혹은 제한된 합리성이 작동하면서 지역적 불안정 내지는 갈등이 지속되는 이유를 밝혀낼 수 있는 것이다. 이 경우는 '신현실주의-신자유주의 논쟁'과는 달리 이득(gain)이 아닌 손실(loss)에 대한 분석이 요구된다. 즉 절대적(absolute) 혹은 상대적(relative) 손실의 계산을 넘어서 전체적(total) 손실이 선택될 수도 있는 '감정적 선택(emotional choice)'의 문제가 생겨나는 것이다.[25]

이와 같은 위협전이와 양면 안보 딜레마의 작동 과정에 대한 검토를 위해서는 동북아시아의 국가들이 겪은 근대(혹은 탈근대)의 맥락, 즉 식민주의, 탈식민화, 냉전, 탈냉전으로 이어지는 과정에 대한 '역사사회학적' 분석이 수반되어야 한다.[26] 다른 이론들에 비해 이러한 접근법이 갖는 장점은 그것이 위협전이나 양면 안보 딜레마의 논의가 중시하는 관념적 변수와 주체의 역할, 그리고 국내정치적 요인의 개념화에 상

타 저, 김우상 외 역, 『세계정치론: 전쟁과 평화 그리고 세계질서』, 카오스북, 2015를 볼 것.

25 이는 전망이론이 예측하는 손실 회피의 경향과는 다른 결과를 보여 주게 된다. 황지환, 「전망이론의 현실주의적 이해: 현상유지경향과 상대적 손실의 국제정치이론」, 『국제정치논총』, 47, 3, 2007을 참조할 것.

26 아브람즈(Abrams)는 역사사회학을 한편으로는 개별적 행위와 경험, 그리고 다른 한편으로는 사회적인 조직 사이의 관계를 시간 속에서 지속적으로 구성되는 무엇인가로 이해하려는 시도라고 정의하고, 행위와 구조 사이의 관계의 방식과 정도를 시간 속에서의 과정의 문제로 이해할 필요가 있다고 주장한다. 필립 아브람즈 저, 신용하 외 역, 『역사사회학』, 문학과지성사, 1986, 서문.

대적으로 유리하다는 점이다. 즉 역사적인 전환기에 있어 위협인식과 같은 관념적 요인이 갖는 의미와 주체의 투사를 통해 국제적, 국내적으로 관념적 구조가 만들어지는 양상과 그 결과에 대한 고려가 가능하게 되는 것이다. 이상의 분석틀과 이론적 논의를 참고하여 본 연구는 근대의 형성과 전환기의 한중일 삼각관계 내에서 한국과 다른 행위자들이 가졌던 인식과 전략의 문제에 대하여 고찰하고자 한다.[27]

27 각 시기의 체제 형성 고찰에서 중시되는 것은 청일전쟁이나 한국전쟁과 같은 사건과 그에 연관된 다양한 행위자의 주체성 역할이라 할 수 있다.

제4장

역사적 사례

1. 식민주의

19세기 중엽 이후 서세동점의 상황은 물질적인 구조, 즉 권력의 분포와 더불어 관념적인 구조의 변화를 수반하였으며, 이는 서구 '국제사회'의 확산이라는 주제를 통해 논의가 이루어져 왔다.[1] 이러한 문명 내지 문화적인 측면과 더불어 이 시기에 있어 또 다른 관념적 요인으로 작용한 변수는 안보연구에 있어서 위협인식의 문제에 해당하는 것이었으며, 이른바 '공로(恐露)의식'에 대한 논의가 이에 해당한다고 할 수 있다. 최문형은 아시아에서 영러 대립의 전개과정을 설명하면서, 러시아의 위협이 영국에 의해서 과장되거나 만들어진 부분이 있음을 지적하였다.[2] 김원수에 의하면 영국은 러시아의 이리(伊犁, Illi)분쟁을 활용하여

1 H. Bull and A. Watson, eds., *The Expansion of International Society*, Oxford University Press, 1984를 볼 것.

2 최문형, 「영로대결의 추이: 한국에 고취된 공로의식과 관련하여」, 최문형, 『제국주의시대의 열강과 한국』, 민음사, 1990. 즉 이 사례에서 영국에 의한 위협전이의 양상을 발견할 수 있는 것이다. 러시아의 위협에 관련된 좀 더 이른 시기의 인식의 문제는 18세기 말 일본 지식인들의 러시아 경계론이었다. 박훈에 따르면 침략의 위기로 받아들일 만한 것이 못 되는 러시아의 극동 진출에 대응하여 일본의 논자들은 국방강화와 내정개혁을 촉구하는 주장

청에게 공로의식을 심어 주었고, 이러한 의식은 황준헌의 『조선책략』을 통해 조선에게 영향을 미치게 되었다.[3] 청은 다른 열강을 이용하여 러시아를 견제하려고 한 반면, 조선은 한편으로 그들을 활용하여 청의 속국에서 벗어나고자 하는 의도를 갖고 있었다.[4] 한러밀약을 통한 러시아의 영향력 확대는 영국으로 하여금 거문도 사건을 일으키게 하였고, 결국 이러한 영러 대립은 조선에서의 현상유지 정책으로 마무리되었다.[5] 이는 영러 사이의 '그레이트 게임'의 맥락에서 한반도가 갖는 지정학적 의미, 즉 한 나라에 의한 독점에 대한 경계라는 전략적 고려를 보여 준다고 할 것이다.[6]

하지만 조선에 있어서 좀 더 본질적인 관념적인 전환의 양상은 나

을 하였으며, 이러한 '과장된 위기의식'은 중국의 지원이나 조선과의 연대를 고려할 수 없는 일본의 안보상의 고립감으로 연결되어 해외로의 팽창을 자극하게 되었다는 것이다. 이 사례 역시 위협인식이 갖는 도구적 성격과 사회적 정체성과의 연결의 측면을 보여 주고 있다. 박훈, 『메이지 유신은 어떻게 가능했는가』, 민음사, 2014, 제2장.

3 이 저서는 조선에게 친중국, 결일본, 연미국하여 러시아의 남하정책에 대비할 것을 제언하였다.

4 이와 같은 조선의 노력은 두 차례의 조영조약 체결 과정을 통해서도 나타난다. 하지만 열강들의 각축의 결과 이는 결국 동아시아 내의 불평등 조약체제의 재정립으로 귀결되었다. 한승훈, 「조영조약(1883. 11)과 불평등조약체제의 재정립」, 『한국사연구』, 135, 2006.

5 김원수, 「그레이트 게임과 한러관계의 지정학: 거문도 사건과 이홍장-라디젠스키 협약(1886)을 중심하여」, 『서양사학연구』, 30, 2014. 영국과 러시아 사이의 현상유지적 타협은 궁극적으로 조선에 대한 청의 영향력을 존속시키고 이에 대한 일본의 도전이 진행되는 맥락으로 진행되었다는 점에서 이 시기의 상위 양자관계와 삼각관계의 역동성은 냉전과 탈냉전기의 역학과 각각 차이를 보인다고 할 수 있다.

6 우철구, 「19C 후반 영국의 대한정책: 1883년 한영조약체결을 전후하여」, 『국사관논총』, 44, 1993. 이와 같은 상위 수준의 양자관계의 환경과 지역체제, 그리고 한반도에 대한 지정학적 고려의 맥락은 냉전과 탈냉전을 거치면서 연속성과 변화의 모습을 함께 보여 주게 되는 것이다.

라 사이 관계의 새로운 '기준'의 등장, 즉 청 중심의 천하질서/종주권체제에서 근대국제질서/조약체제로의 이전의 형태로 등장하였다.[7] 이는 대외적으로는 조선의 주권적 지위를 둘러싼 청과 일본 사이의 대립과 연결되었으며, 대내적으로는 척사와 개화의 양분된 정치적 집단의 주장으로 표현되었다. 크래스너(Krasner)는 주권(sovereignty)이 사실상 조직적인 위선(organized hypocrisy)이라고 하는 자신의 주장을 바탕으로 19세기 동아시아에서 결과의 논리(logic of consequences)와 적합성의 논리(logic of appropriateness)가 충돌했을 때의 청, 일본, 조선의 선택을 비교한 바 있다. 그에 따르면 청은 서구 세력에 대항하기 위해 기존 적합성의 논리를 상당 부분 포기하고 새로운 결과의 논리에 적응하려고 하였고, 일본은 물질적, 관념적 측면에서 새로운 질서가 부여하는 결과의 논리를 적극적으로 수용, 그에 적합한 제도적 기제를 구축하려고 한 반면, 조선은 자신의 기득권을 유지하려는 정치세력의 보수적 선택에 의해 이전 질서의 적합성 논리를 고수하려 하였고 이는 국권의 상실이라는 부정적 결과로 이어졌다는 것이다.[8] 하지만 당시 조선 엘리트들의 사유를 좀 더 면밀하게 살펴보면 근대적인 주권 관념의 수용에 대한 보다 복잡한 고민이 존재하고 있었다는 것을 발견할 수 있다.[9]

새로운 관념의 전파와 수용에 적극적이었던 개화파들은 이를 실천적인 견지에서 나라의 자강 필요성과 함께 거론하였다. 예를 들어 김옥균은

7 G. W. Gong, *The Standard of 'Civilization' in International Society*, Oxford University Press, 1984; 김용구, 『세계관 충돌의 국제정치학: 동양 예와 서양 공법』, 나남출판, 1997을 참조할 것.

8 S. Krasner, "Organized Hypocrisy in Nineteenth-century East Asia," *International Relations of the Asia-Pacific*, 1, 2001.

9 신욱희, 「근대한국의 주권 개념」, 『세계정치』, 25, 2, 2004를 볼 것.

> 자래로 청국이 스스로 (조선을) 속국으로 생각해 온 것은 참으로 부끄러운 일이며 나라가 진작의 희망이 없는 것은 역시 여기에 원인이 없지 않다. 여기서 첫째로 해야 할 일은 기반을 철퇴하고 독전자주지국을 수립하는 일이다. 독립을 바라면 정치와 외교를 불가불 자수자강해야 한다.[10]

라고 강조하였다. 박영효도 "법이 혹독한 까닭에 나라의 주권을 외국에 빼앗기게 되는 것입니다. … 외국과 교류할 때 주권을 잃거나 국체에 손상을 입혀서는 안 되는 일입니다."라고 하면서

> 비록 만국의 공법과 세력균형, 공의가 있기는 하지만 나라에 자립자존할 힘이 없으면 반드시 영토의 삭탈과 분할을 초래하게 되어 나라를 유지할 수 없게 되므로 공법공의는 본시 믿을 것이 못 됩니다.[11]

라고 지적하여 현실주의적 입장을 피력하고 있었다.

이와 함께 명분과 실리를 함께 조화시키려는 견해도 제시되었다. 한 예로 개명유학자인 김윤식은 청의 입장을 지지하면서도 양득/양편론을 통해 전통질서의 범주에서 근대 수용의 노력을 행하였다. 그는 자주와 독립, 속방과 속국을 구별하면서, 자주는 가(可)하되 독립은 불가(不可)하며 조선은 속방이나 속국은 아니라고 주장하였다. 그는 아래에서 보는 것처럼 조선이 속방임을 명시하는 것이 자주권을 유지하면서 실질적으로 나라의 안보를 보장받는 방법이라고 생각하였다.

10 김옥균, 「조선개혁의견서」.

11 박영효, 「내정개혁에 대한 상소문」.

(조선이 중국의 속방이라는 것을) 각국에 서명하고 조약에 대서해 놓으면 후일 (중국은) 우리나라 유사시 힘써 도와주지 않으면 천하의 웃음거리가 될 것이며, 각국은 중국이 우리나라를 담임하는 것을 보고 우리를 가볍게 보지 못할 것입니다. 또한 그 밑에 자주권의 보유를 기재해 두면 각국과 외교하는 데 무해하여 평등권을 사용할 수 있을 것입니다. 자주권 상실의 걱정도 없고, 사대의 의에도 배반하지 않으니 가히 양득이라고 하겠습니다.[12]

또한 김윤식은 이홍장이 속방 조항에 대한 의견을 묻자 "중국에 대해서는 속국이나 각국에 대해서는 자주라고 하는 것이 명분이 바르고 말이 순리에 맞아 실제와 이치에 모두 양편하니 좋을 것 같다."라고 답하였다.[13] 이는 중국과의 사대의 틀 속에서 다른 국가와의 부분적 공법관계의 수립 가능성을 모색하려는 것으로 이해될 수 있다.

반면 유길준은 아래와 같은 양절체제의 논의를 통해 근대 수용의 맥락에서 전통질서를 부분적으로 인정하려는 시도를 보여 주었다.

수공국이 연즉 제국을 향하여 동등의 예도를 행하고 증공국을 대하여 독존한 체모를 천하리니 차는 증공국의 체제가 수공국 급 제 타국을 향하여 전후의 양절이오 수공국의 체제도 증공국 급 제 타국을 대하여 역 전후의 양절이라 수공국 급 증공국의 양절체제를 일시함은 하고오? 형세의 강약은 불고하고 권리의 유무를 지관하느니 강국의 망존은 공법의 기자가 자재하고 약국의 수모는 공법의 보호가 시존한지라. 연한 고로 여시불일한 편체는 공법의 불행으로 약자의 자보하는 도니 강자의

12 김윤식, 『음청사』, 탐구당, 1971, pp. 57-58.
13 김윤식, 1971, pp. 52-53.

자행하는 교습을 조성하기 위하여는 공법의 일조도 불설함이라.[14]

그는 "대국도 일국이고 소국도 일국이라"고 지적하면서, 자주, 만국공법의 적용을 통해 독립, 평등을 결합시킨 주권의 원칙을 공식적으로 제시하는 한편, 아래와 같이 조선의 '중립론'을 제기하여 약소국의 주권 유지를 위한 강대국의 신의의 역할을 강조하기도 하였다

> 한 나라가 약소하여 자력으로 중립의 성책을 지킬 수 없으면, 이웃 나라들이 서로 협의하여 행하기도 함으로써 자국 보호의 방책을 삼기도 하니, 이는 부득이한 형세에서 비롯된 것으로 공법이 허용하고 있는 바다.[15]

유길준의 이러한 노력은 권력정치적 요인에 대한 이해 아래서 서구의 규범과 제도를 활용하려는 시도라고 할 수 있을 것이다.

따라서 우리는 위에서 제시된 주체-구조 문제의 시각에서 물질적/관념적 구조 변화의 시기에 있어 우리의 주체성 설정과 그 수행 전략의 모습을 관찰해 볼 필요가 있다. 강상규는 이 시기의 실질적인 주체였던 대원군, 명성황후, 고종의 인식과 대응을 검토하고 대한제국의 외교를 고찰하려는 노력을 보여 주고 있으며,[16] 박종근은 일본의 침략정

14 유길준, 『유길준 전서 I: 서유견문』, 일조각, 1971a, p. 117. 유길준은 강대국의 침략을 면하려고 본심에 맞지 않는 조공을 하는 증공국과 자주할 권리가 전혀 없는 속국을 구별하고, 증공국은 하나의 독립국으로서 다른 나라와 동등하게 조약을 맺을 권리를 갖는다고 주장하였다. 유길준, 1971a, pp. 89-90.

15 유길준, 『유길준 전서 IV: 정치경제편』, 일조각, 1971b, p. 326. 이는 청이 주도하여 조선을 중립화하는 것이 바람직하다는 내용이었는데, 당시 외교를 담당하였던 김윤식에 의하여 받아들여지지 않았다.

16 강상규, 『19세기 동아시아의 패러다임 변환과 한반도』, 논형, 2008.

책에 대응하는 조선의 여러 움직임, 즉 위정척사, 개화, 동학을 비교적으로 고찰한다.[17] 그에 따르면, 이 시기는 "총체적으로 보아 조선의 모든 인민이 와해된 상부구조와 하부구조 속에서 상하, 지배/피지배를 묻지 않고, 새로이 강요되는 인식과 세계를 맞아 사상과 행동, 나아가 인식체계의 구조 자체를 재편성해 가는 능동적이고 주체적인 움직임을 일구어내는 필수적인 시기"였다는 것이다.[18]

하지만 이러한 '시간과의 싸움'에서 사대와 식민이 아닌 대안적인 국권 보호의 경로가 존재했는가 하는 질문에 대한 답은 분명하지 않다. 이는 기본적으로 당시의 동아시아 체제의 전환 양상이 청에서 일본으로의 세력/패권전이의 양상을 보여 주고 있었다는 사실과, 중심적인 세력 내지는 패권국으로 등장한 일본이 역내 국가에 대해 자신의 독특한 식민주의 정책을 수행하게 되면서, 세력균형이나 국제법이 아닌 지배와 종속의 유형이 지역체제의 특성으로 등장하는 과정에 연유하고 있다.[19] 조한승은 청일전쟁을 세력전이론으로 설명하면서 전이의 속도, 지도자의 성향, 양자관계의 특성을 검토하고, 전쟁을 통한 '지역' 패권의 전이와 질서의 변화 양상을 고찰한다.[20] 최석완은 서구화된 열강인

17 박종근 저, 박영재 역, 『청일전쟁과 조선: 외침과 저항』, 일조각, 1989.

18 박종근, 1989, p. vi. 하지만 합의를 결여한 각기 다른 행위자들의 전략적 모색은 의도한 혹은 의도하지 않은 결과의 형태로 외세의 개입을 가져왔고, 그러한 양상은 원래의 목적과는 거리가 먼 상황의 전개로 이어졌다는 점도 함께 지적되어야 할 것이다.

19 강동국은 조선과 대등함을 전제로 하는 '교린'의 관계를 맺고 있었던 일본이 조선을 식민화한 것을 연대의 방기로 간주하고, 이 사실이 이후 한국의 대외관계와 인식에 영향을 미쳤다고 보고 있다. 강동국, 「조선시대 국제정치사와 당대 한반도: 1876-1910년의 변용과 그 사상적 유산을 중심으로」, 외교사연구센터 제4회 브라운백 세미나, 국립외교원, 2015. 9. 4.

20 조한승, 「상대적 국력이론의 관점에서 바라본 중일전쟁(1894-1895)」, 강성학 편, 『용과 사무라이의 결투』, 리북, 2006.

일본이 청일전쟁을 통해 청에 대한 불평등 조약을 모색하는 모습을 보여 주고 있는데, 그에 따르면 일본은 청으로 하여금 조선의 독립을 인정케 하고, 이를 구주 각국이 보호하는 안은 회피하면서 자신이 조선에 대한 보호권을 추구하는 양면성을 보여 주고 있다.[21] 은정태는 청의 속방화 정책에 저항하는 조선의 모습과 청일전쟁의 결과 조선의 인식이 '청국적인 것'에서 '일본적인 것'으로 변화되는 양상을 관찰하고, 1899년 한청통상조약이 보여 주는 형식적인 대등함의 측면을 지적한다.[22] 김현철은 청일전쟁 시기 조선이 대내외적으로 전개한 자주독립외교를 살펴보면서, 그러한 노력이 가졌던 제약요인을 주로 언급하고 있다.[23]

식민주의 시기 조선, 청, 일본의 관계는 전략적 삼각관계 내지는 사회적 성격을 갖는 삼자주의와는 거리가 먼 것이었고, 주체로서의 조선은 대내외적인 자율성의 한계를 모두 갖고 있었다. 즉 원래 (A:청+B:조선)+C:일본의 형태로 시작되었던 삼각관계는 A+B+C 혹은 (A+B+C)의 구도가 아닌 A와 C 사이의 급격한 세력전이와 B의 내부적 균열로 인해 A+(B+C)의 형태로 귀결되는 모습이 등장하게 되었던 것이다. 이는 두 행위자 사이의 커다란 세력 격차의 갈등적 구조와 내부적 합의를 갖지

21 최석완, 「일본의 동아시아 질서 재구축과 청일전쟁: 청일조약 개정을 중심으로」, 역사학회 편, 『전쟁과 동북아의 국제질서』, 일조각, 2006.

22 은정태, 「청일전쟁 전후 조선의 대청정책과 조청관계의 변화」, 왕현종 외, 『청일전쟁기 한·중·일 삼국의 상호전략』, 동북아역사재단, 2009. 이는 마치 천하질서 내에서 조선이 자신을 소중화로 칭하며 일본에 대해 상대적 우월감을 표시했던 것처럼 근대질서로의 전환 과정에서 청에 대해 동등하거나 우월한 인식을 가지려는 시도로 비쳐지기도 한다.

23 김현철, 「청일전쟁과 1890년대 조선의 자주독립외교의 전개와 제약」, 하영선 외 편, 『한국외교사와 국제정치학』, 성신여자대학교출판부, 2005. 이와 함께 조선이 최소한 형식적인 주권을 갖고 있었다고 간주될 수 있는 1897년의 대한제국의 선포부터 1905년 을사늑약까지의 시기를 좀 더 면밀히 관찰할 필요가 있다고 할 수 있다.

못한 세 번째의 행위자의 존재는 삼각관계 내에서의 중추적 역할 수행과는 거리가 먼 조건이라는 사실을 보여 주고 있다고 할 수 있다.

2. 냉전

하나의 역사적인 체제 혹은 시기로서의 냉전은 복합성과 특수성을 함께 갖는다. 이 시기의 국제관계는 안보, 경제, 그리고 관념적인 요인의 상호작용으로 형성되었고,[24] 이 기간은 세계사의 맥락에서는 식민주의와 탈근대 사이에 존재하는 '비정상적인' 근대의 시기로 이해될 수 있다. 동아시아의 근대는 냉전기를 통해 또 한 번의 전환을 겪게 되었고, 이는 한편으로는 2차 대전과 태평양전쟁 이후 탈식민화 과정의 굴절로, 다른 한편으로는 냉전체제의 형성을 통한 지역의 분절 형태로 이루어졌다. 이는 물론 미국과 소련이라는 역외 세력의 양자관계와 글로벌한 요인이 작용한 결과이기도 했지만, 지역적으로는 중국과 일본의 단절과 한반도의 분단, 그리고 북한과 중국, 한국과 일본의 연결이라는 방식으로 나타났다. 양안관계, 한반도 분단체제, 그리고 일본의 평화헌법은 모두 개디스(Gaddis)가 이야기하는 '예측 가능한 비합리성'의 예라고 할 수 있으며,[25] 동북아시아에서 남방삼각관계와 북방삼각관계의 대립 구

24 즉 크로닌(Cronin)이 말하는 것처럼 냉전의 균열선(fault line)은 외교정책이나 전략적 동맹에서뿐만이 아니라 경제체제, 정치체제와 문화, 그리고 사회적 삶의 유형에도 존재하였으며, 중요한 것은 이들 사이의 관계를 어떻게 설정할 것인가 하는 점이라고 할 수 있다. J. Cronin, *The World the Cold War Made: Order, Chaos, and the Return of History*, Routledge, 1996, p. 3.

25 J. L. Gaddis, *The Long Peace: Inquiries into the History of the Cold War*, Oxford University Press, 1989를 참조할 것.

도가 제도화되면서 온전한 국가 간 관계로서의 한중일 관계는 실종되었다.[26]

냉전의 기원에 대한 논쟁에서 갈리치오(Gallicchio)는 냉전이 1947년 전후 동유럽에서 시작된 것이 아니라, 1945년 4월에서 12월에 걸쳐 동아시아에서 전개되었다고 주장한다. 즉 그에 따르면 예상보다 이른 일본의 항복과 그에 따른 동아시아의 전략적 진공상태, 그리고 미국의 준비되지 않았던 동아시아 정책에 의해 미소 간의 대립이 시작되었다는 것이다.[27] 2차 대전 이후의 동아시아가 일본의 패전과 중국의 내전으로 인해 힘의 공백 상태로 있었던 것은 사실이다. 하지만 일본에 대한 미국의 초기 점령정책은 태평양전쟁의 적대국에 대한 현실정치(realpolitik)적 견제를 기본 목표로 하고 있었고, 모택동에 대한 미국의 인식이나 장개석에 대한 소련의 인식은 냉전적 적대관계라기보다는 오히려 전략적 고려의 성격을 띠고 있었다.[28] 따라서 가장 핵심적인 변수는 중국의 국내적 상황의 전개였으며, 내전의 양상이 공산당에 유리하게 전개됨에 따라 점차적으로 반식민주의 대 자유주의의 이념적 구도가 동아시아에 등장하게 되었고, 이에 따라 일본에 대한 역코스 정책을 비롯한 미국의 동아시아 정책 구도의 전환에 따라 1940년대 말에 동아

26 한국전쟁을 전후로 한 동북아 국가들의 정책 비교를 위해서는 양영조, 『한국전쟁과 동북아 국가 정책』, 선인, 2007을 볼 것. 파슨스는 그의 사회이론에서 행위체계를 도구적/충족적, 내재적/외재적 조건의 구분에 따라 넷으로 구분하고 있는데, 이러한 상태는 도구적, 내재적 조건의 결합에 따른 '잠재적 패턴의 유지'에 해당한다고 볼 수 있다. 파슨스는 이와 비교하여 충족적, 내재적 조건의 결합을 '통합'의 상태로 간주한다. 루만, 2014, p. 31.

27 M. Gallicchio, *The Cold War Begins in Asia: American East Asian Politcy and the Fall of Japanese Empire*, Columbia University Press, 1988을 참조할 것.

28 1949년 이전 소련은 사실상 장개석을 지지하고 있었고, 미국은 장개석에 대해 모택동과 제휴할 것을 권고하였다.

시아 냉전이 시작되는 것으로 보는 것이 보다 적절할 것이다.[29]

김명섭은 동아시아 냉전질서의 형성을 설명하면서 '극동의 부정과 대동아의 온존'이라는 표현을 사용하고 있다. 그에 따르면 2차 대전의 종식 이후 유럽의 식민주의를 대체한 것은 '반제국적 제국'인 미국과 소련이었다. 중국의 공산화와 한국전쟁의 결과 미국은 동북아시아에서 식민질서의 척결보다 제한된 복원의 정책을 선택하게 되었고, 이는 일본을 중심으로 하는 통합전략의 형태로 나타났다는 것이다.[30] 이와 같은 과정의 이해를 위해서는 미국의 이른바 '중국의 상실(loss of China)' 논쟁을 먼저 살펴볼 필요가 있다. 케넌(Kennan)은 일본을 중심으로 해서 전후 동아시아의 세력균형을 회복하고 소련을 견제하려는 전략을 추구하면서도, 쐐기전략(wedge strategy)이라는 이름으로 중국의 전략적 자율성에 대해 중요성을 부여하고 있었다. 즉 애치슨(Acheson)이 모택동을 중국의 티토(Tito)로 생각했던 것처럼 케넌도 중국 공산당이 일본과 국민당에 대항하기 위해서 소련에 의존해 왔지만 소련의 중국에 대한 여러 요구는 중국의 민족주의적 성향을 자극하게 될 것이며, 궁극적으로 중소관계는 악화될 것으로 보았던 것이다. 케넌은 이러한 고려에 따라 미국이 중국의 유엔 가입을 반대해서는 안 된다고 주장하였다. 하지만 이와 같은 제안은 유화정책에 반대하는 공화당과 국내여론 때문에 실현될 수 없었다.[31]

29 이리에(Iriye)는 중국에서 미소 간의 얄타체제적인 협력 가능성은 1947년 이후 사실상 희박해지는 것으로 이야기한다. A. Iriye, *The Cold War in East Asia: A Historical Introduction*, Prentice-Hall, 1974, ch. 4를 볼 것. 그러나 동아시아에서 중요했던 것은 미소관계라기보다는 미중관계의 문제였다고 할 수 있으며, 결국 중국의 내전이 종결되는 1949년이 전환점이 되는 것으로 생각된다.

30 김명섭, 「동아시아 냉전질서의 탄생: 극동의 부정과 대동아의 온존」, 백영서 외, 『동아시아의 지역질서: 제국을 넘어 공동체로』, 창비, 2005.

31 김영호, 「동아시아와 케난의 딜레마」, 『한국과 국제정치』, 14, 1, pp. 263-

헌트(Hunt)는 이러한 현실주의적 접근이 채택되지 못한 이유를 미국의 국내정치적 상황과 더불어 중국에 대한 역사적 이해의 부재와 전략적 오식의 문제에서 찾고 있다. 1935년부터 1951년까지의 중국 공산당의 외교정책을 분석하면서 그는 모택동이 반식민주의를 기본적 노선으로 삼고 있었지만, 1930년대 후반에는 오히려 소련보다는 미국으로부터 경제적 도움을 얻고자 했으며 자본주의 이념에 대해서도 유연한 사고를 보여 주었다고 지적한다. 또한 1945년 이후와 중화인민공화국이 성립된 직후에도 비관주의를 견지하면서도 미국과의 협력을 시도하였던 것으로 기술하고 있다.[32] 하지만 이러한 유동적인 관계는 1949년 중소동맹조약이 체결되고 이후 한국전쟁의 경험을 통해서 대립의 양상으로 고착되었다.[33]

1) 중국의 한국전쟁 참전

다음 부분은 한국전쟁과 중국의 참전 사례에 대한 구체적인 실증 연구에 해당한다.[34] 중국은 1950년 10월 19일 한국전쟁에 참전하였다.[35] 이는 김일성에 의한 한국전쟁의 개전과 함께 이후의 동아시아 냉전의 형

264.

32 M. Hunt, *The Genesis of Chinese Foreign Policy*, Columbia University Press, 1996, chs. 5, 6을 볼 것.

33 중국에서의 '기회의 상실(lost chance)'과 '기회의 부재(no chance)' 사이의 논쟁을 위해서는 *Diplomatic History*, 21, 1, 1997의 논문들을 참조할 것.

34 신욱희, 「중국의 한국전쟁 참전: 중국 대북정책의 역사적 형성과 지속」, 『한국과 국제정치』, 30, 2, 2014를 볼 것.

35 이 주제에 대한 중국의 공식적인 입장을 보려면 중국 군사과학원 군사역사연구부 저, 오규열 역, 『중국군의 한국전쟁사 1』, 국방부 군사편찬연구소, 2002를 참조할 것.

성에 결정적인 요인으로 작용하였고, 그 영향은 냉전의 종언 이후에도 존속되고 있는데 이는 북중관계에 있어서도 마찬가지다. 한국전쟁과 냉전, 그리고 북중관계에 대한 이러한 논의를 위해서는 주체와 구조 사이의 '상호구성'의 역사적 과정을 중시하는 '구조화 이론(structuration theory)'의 관점이 요구된다고 볼 수 있으며,[36] 이는 현재와 미래의 정책적 검토를 위해서도 필요한 것이다. 역사학자인 크로닌은 아래와 같이 지적한다.

> 희망은 (과거의) 경로를 되돌아봄으로써 우리가 현재 살고 있는 세계와 우리가 미래를 만들어 나가야 하는 조건들을 탄생시킨 환경에 대해 좀 더 명확한 이해를 하는 데 존재하는 것이다.[37]

이전의 연구가 상대적으로 한국전쟁의 주체로서 김일성과 스탈린을 주된 분석의 대상으로 삼았던 것에 비해 여기서의 작업은 모택동을 중심으로 한 중국 지도부의 참전결정 과정을 살펴보고 있는데, 이는 연대기적인 서술 방식을 따르기보다는 결정과정에서 고려되었던 주된 요인들, 즉 관념적 연대, 외부적 안보위협, 내부적 안보위협, 전략적 고려의 네 변수의 역할을 각각 고찰해 보고 그 상대적인 비중을 논하는 방식을 취한다.

① 관념적 연대

중국의 한국전쟁 참전의 기본적인 배경을 이해하기 위해서는 2차 대

36 '구조화 이론'의 이해를 위해서는 I. Cohen, *Structuration Theory: Anthony Giddens and the Constitution of Social Life*, St. Martin Book, 1989를 참조할 것.

37 Cronin, 1996, p. 14.

전 이후 글로벌 냉전의 형성과정과 더불어 중국의 국내정치와 중소관계의 전개에 대한 고찰이 필요하다. 중국 내전에서 공산당의 승리와 중화인민공화국의 성립, 그리고 중소동맹조약의 체결은 동아시아에서 냉전적 대립의 한 축을 만들어 냈다. 당시 미중관계에 있어 '기회의 상실' 주장을 반박하면서, 천(Chen)은 중국의 중화사상이나 역사적 자존심의 문제, 그리고 당시 중국 국내적 상황의 혁명적 성격과 미국의 보수적 자유주의, 문명적 우월 인식, 그리고 2차 대전 이후 국제질서 구축에 대한 사명감 사이를 매개할 수 있는 방법은 기본적으로 존재하지 않았으며, 1949년에 미국과 중국이 협상 테이블에 마주 앉았다고 해도 그 결과는 마찬가지였을 것이라고 지적하였다.[38] 이와 같은 주장은 냉전기 동아시아에서 관념적 측면에서의 미중 간 대립과 북중 간 연대 요인이 갖는 중요성을 말해 주고 있다. 이러한 맥락에서 셩(Sheng)은 다음과 같이 이야기한다.

> 한국에서의 충돌은 논리적이고 예견할 수 있는 것이었다. 왜냐하면 미국 주도 제국주의와의 전쟁의 불가피성에 대한 모택동의 인식과 서구 문명을 구원하기 위한 공산주의 팽창과의 전 지구적 투쟁에 대한 워싱턴의 인식은 서로 대립되는 것이었기 때문이다.[39]

또한 셩은 중소 간의 연결은 미국의 정책적 실패에 따른 것이라기

38 J. Chen, "The Myth of America's Lost Chance in China: A Chinese Perspective in Light of New Evidence," *Diplomatic History*, 21, 1, 1997을 참조할 것.

39 M. Sheng, "The Psychology of the Korean War: The Role of Ideology and Perception in China's Entry into the War," *Journal of Conflict Studies*, 22, 1, 2002, p. 1.

보다는 두 국가 사이의 프롤레타리아 국제주의적 연계에 기인한 것이며, 이는 단순한 수사가 아니라 1949년 이전부터 존재해 온 실질적인 심리적, 정치제도적, 군사전략적 연대를 나타내는 키워드라고 주장한다.[40] 따라서 이 입장은 중국의 한국전쟁 참전이 중소 간의 '혁명적 목표의 공유'와 이에 관련된 두 나라의 '분업' 원칙에 기인한 것으로 본다. 이에 대해 천은 아래와 같이 언급하고 있다.

> 류소기의 1949년 7, 8월의 소련 방문 이래 중국공산당과 소련은 그들 사이의 책임의 영역을 실질적으로 분할하였고, 그것은 동아시아에서의 혁명적 운동 증진의 의무를 일차적으로 중국에게 맡기는 것이었다. … 한국전쟁에 참전하기로 한 중국의 결정은 비록 기본적으로 중국의 (좀 더 명확하게 말하자면 모택동의) 결정이었지만, 이는 중소동맹에 의한 인지된 지원에 바탕을 둔 것이었다.[41]

사회주의적 요소와 더불어 이 시기 북중 사이의 관념적 연대의 기반이 되었던 것은 반식민주의/반봉건주의적 요소였다. 이러한 점에서 북한과 중국 간의 '특수한' 관계는 국가 대 국가의 관계 이전에 당 대 당 관계의 특성을 갖고 있었다고 볼 수 있으며, 이는 항일무장투쟁과 국공내전에서의 공조를 통해 형성되었다.[42] 김경일은 북중관계와 한국-

40 M. Sheng, "The Triumph of Internationalism: CCP-Moscow Relations before 1949," *Diplomatic History*, 21, 1, 1997을 참조할 것.

41 J. Chen, "The Sino-Soviet Alliance and China's Entry into the Korean War," *Cold War International History Project*, Woodrow Wilson Center, 2011, pp. 34-35.

42 박병광은 북한의 도움이 없었더라면 내전 중 중국 공산당이 동북지방에서 큰 위기에 처했을 것이며, 결국 모택동은 "김일성 덕분에 중국 대륙을 얻었다"고 해도 과언이 아니라고 지적하고 있다. 박병광, 「북중관계의 특수성은

대만관계를 비교하면서 다음과 같이 기술하고 있다.

> 해방 후 중국공산당과 북한, 장개석 정부와 남한의 관계는 사실상 항일전쟁 시기 두 진영 간의 갈등과 대치의 연속선상에서 이루어진 것이라고 할 수 있다. … 중국 공산당과 북한은 중국의 동북 해방전쟁 기간 중 사실상의 동맹관계를 이루어 왔고, 장개석과 이승만 정권 역시 사실상의 반공연맹을 형성하였다.[43]

> 중국 공산당과 북한의 관계가 중국의 파병 결정과정에 중요한 요소로 작용하였음은 두말할 필요가 없다. 이것은 양국의 역사적 관계로 보아도 그렇고 국제주의라는 맥락에서 보아도 마찬가지이다.[44]

한국전쟁에 관련된 중국과 북한의 관념적 연대의 또 하나의 기반으로 작용한 것은 바로 동북지방이 갖는 특별한 정체성이었다고 할 수 있다. 이 지역에 거주하고 있던 조선인들과 북한과의 관계를 일부 학자들은 '형제의 유대(the bonds of brotherhood)'라고 부르며, 중국과 북한 사이의 접경지역(contact zones)에서의 성 혹은 시 단위의 상호작용에 대한 심층적 연구의 필요성을 강조한다.[45] 한국전쟁에 참전한 상당수의 중국 군인들이 실제로 이들 조선인이었다는 점에서 이러한 특징은 더욱 두

어떻게 형성되었는가?」, 정덕구·추수롱 외, 『기로에 선 북중관계: 중국의 대북한 정책 딜레마』, 중앙북스, 2013, p. 105.

43 김경일 저, 홍면기 역, 『중국의 한국전쟁 참전기원: 한중관계의 역사적, 지정학적 배경을 바탕으로』, 논형, 2005, p. 415.

44 김경일, 2005, p. 417.

45 A. Cathcart and C. Kraus, "The Bonds of Brotherhood: New Evidence on Sino-North Korean Exchanges, 1950-1954," *Journal of Cold War Studies*, 13, 3, 2011을 볼 것.

드러지게 되었다. 염인호는 이에 대해 아래와 같이 이야기한다.

> 1950년 한국전쟁 당시, 만주 조선인들은 한반도 조선인(한국인)과 같은 정체성을 지니고 있었다. … 전쟁 발발 이전에 이미 만주 조선인 부대 3개 사단과 1개 연대가 입북하였다. … 이들의 입북은 중국 정부에 의한 파병이 아니라 조선인들의 귀환이었던 것이다.[46]

> 한국전쟁에 참전한 중국 조선인들은 두 부류로 나눌 수 있다. 한 부류는 전쟁 발발 전에 북한으로 건너와 조선인민군에 편입해 전쟁에 참가한 이들이고, 다른 한 부류는 1950년 10월부터 참전한 중국 인민지원군 소속의 조선인들이다.[47]

> 조선인민군으로 참전했든, 중국 인민지원군으로 참전했든, 조선인들은 모두 중국공산당 당국의 결정에 따라 이동하고 참전하였다. 하지만 그들의 참전은 일반 중국인들의 참전과 성격이 달랐다. 인민지원군의 중국인 장병들은 '원조' 혹은 '보가위국'을 위해 참전한 것이었지만, 조선인들은 '조국보위'를 위해 참전하였다.[48]

② 외부적 안보위협

위에 서술된 관념적 연대가 중국 참전의 행동 그 자체보다는 그의 토대가 된 환경적 요인에 해당하는 것이었다면 아래에 서술되는 외부적/

46 염인호, 『또 하나의 한국전쟁: 만주 조선인들의 '조국'과 전쟁』, 역사비평사, 2010, p. 54.

47 염인호, 2010, p. 59.

48 염인호, 2010, p. 60.

내부적 안보위협의 요인은 좀 더 구체적으로 참전의 고려와 결정에 작용한 변수였다고 할 수 있을 것이다. 이전 연구의 가장 통상적인 주장은 38도선을 넘어 압록강으로 다가오는 미국의 군사적 위협의 존재와 그에 대한 대응으로서 중국 참전이라는 이른바 미국위협론(American threat)인데, 이는 다음에서 보는 것처럼 중국과 미국의 학자 모두에게서 등장한다.

> 미국으로부터의 점증하는 군사적 위협에 대한 우려와 중미 간의 군사적 충돌이 불가피하다는 믿음에서, 중국공산당 지도자들은 그들이 (참전의) 시점과 장소를 선택하는 편이 좀 더 현명할 수도 있다고 주장하였다.[49]

> 한반도에 무력으로 개입하겠다는 모택동의 결정은 미군을 38도선 이북으로 진격시킨 미국의 결정에 의해 촉발되었다. 모택동은 미국이 중국의 도시들을 폭격하는 것으로 대응할 수도 있다는 점을 충분히 인지하면서 공격을 개시하였고, 완충지대의 폭에 상관없이 북한 내에 미국이 머무르는 것을 용인하려 하지 않았다. 일단 중국의 군대가 파병된 이상 모택동의 주된 목표는 한반도에서 외국 군대의 괴멸 혹은 축출이 되었다.[50]

이와 같은 견해는 기본적으로 중국 참전의 '방어적' 성격을 강조하는 방향으로 전개되었다. 박창희는 혁명적 목표를 위한 전면전이 아닌

49 Y. Hao and Z. Zhai, "China's Decision to Enter the Korean War: History Revisited," *The China Quarterly*, 121, 1990, p. 115.

50 T. Christensen, "Threats, Assurances, and the Last Chance for Peace: The Lessons of Mao's Korean War Telegram," *International Security*, 17, 1, 1992, p. 128.

안보적 고려에 의한 제한전의 수행으로 중국의 한국전쟁 참전을 해석하면서 아래와 같이 주장하였다.

> 한국전쟁 개입은 미국과의 결전을 각오한 것이 아니라 최소한의 완충지대를 확보한다는 '제한된 목표'를 달성하기 위해 이루어졌으며, '혁명'보다는 중국의 '안보'를 위한 불가피한 선택이었다.[51]

> 모택동은 미국이 조성한 '위기' 상황에 따라 전쟁에 참여할 것인지를 결정했고, 그의 결정은 더 큰 위험을 줄이기 위한 합리적인 선택에서 나온 결론이었다.[52]

중국이 가졌던 안보적 위협은 사실상 한국전쟁의 실질적인 수행자가 트루먼(Truman)이 아닌 맥아더(MacArthur)였다는 사실에서 더욱 증폭되었다고 볼 수도 있다. 정치가가 아닌 군인으로서의 맥아더는 이미 시작된 전쟁에서 전면적 승리를 추구하였고 그 대상은 중국을 포함하는 것이었다. 김경일은 "맥아더가 지휘한 것은 한국전쟁이었다. 그렇지만 그가 지향한 목표는 중국이었다."라고 지적하였다.[53] 러시아 학자인 맨수로프(Mansourov)도 이러한 요인이 중국의 궁극적인 참전결정에 영향을 미친 것으로 보고 아래와 같이 주장하고 있다.

51 박창희, 『현대 중국 전략의 기원: 중국혁명전쟁부터 한국전쟁 개입까지』, 플래닛미디어, 2011, p. 237.

52 박창희, 2011, p. 281.

53 김경일, 2005, p. 391. 맥아더의 한국전쟁 전략과 38선 돌파문제에 대해서는 이상호, 「맥아더의 한국전쟁 군사전략」, 한국역사연구회 현대사분과 편, 『역사학의 시선으로 읽는 한국전쟁』, 휴머니스트, 2010을 참조할 것.

… 맥아더의 거듭된 무조건 항복 요구와 동경 사령부로부터의 노골적인 중국과 소련에 대한 위협은 불안한 중국인들을 말 그대로 벼랑 끝으로 몰았고, 그들의 의지와는 거의 다르게 한국에 개입하도록 만들었다. 따라서 이는 스탈린에게 북한에서 철수하려는 생각을 재고하는 적절한 이유를 제공하였다.[54]

중국의 상대적 수동성을 중시하는 이 입장이 갖는 부분적인 적실성에도 불구하고 우리는 중국의 참전결정의 시점과 그 방식에 대해 좀 더 구체적인 검토를 할 필요가 있다. 즉 참전 자체에 대한 전반적인 결정은 사실상 UN군의 38도선 돌파 이전에 내려졌으며, 이는 수동적이라기보다는 능동적인 성격을 가진 것이었다는 점이 중시되어야 하는 것이다. 1950년 1월 30일 스탈린이 김일성의 전쟁 계획을 승인한 이후에도,[55] 모택동은 이에 대해 의구심을 가지고 있었다. 하지만 일단 전쟁이 시작되어 UN군이 참전한 이후에도 북한군이 우세를 유지하는 것처럼 보이자, 중국은 한국전쟁에 대해 적극적인 관심을 표시하게 되었다. 션즈화는 이에 대해 "잠깐의 서막이 지난 후 (한국전쟁의) 주연의 역할은

54 A. Mansourov, "Stalin, Mao, Kim, and China's Decision to Enter the Korean War, September 16-October 15, 1950: New Evidence from the Russian Archives," *Cold War International History Project Bulletin*, 6-7, Woodrow Wilson Center, 1995/1996, p. 105.

55 이러한 변화의 이유에 대해서는 상이한 해석이 존재한다. 일부는 제한전에 대한 미국의 의도를 시험하고 부동항을 얻으려는 스탈린의 의도를 지적하고 있고, 일부는 미국의 개입과 그에 따른 중국 개입의 가능성을 전제로 해서 중국을 통제하고 유럽에서의 상황을 유리하게 전개시키려는 스탈린의 전략을 강조한다. 후자의 견해를 위해서는 D. Kim, "Stalin's Korean U-Trun: The USSR's Evolving Security Strategy and the Origins of the Korean War," *Seoul Journal of Korean Studies*, 24, 1, 2011을 볼 것. 이에 따르면 소련 대표가 UN 안보리에 불참한 것도 스탈린의 지시에 따른 것이었다는 것이다.

모택동에게 돌아갔다."라고 표현하였다.[56]

션즈화는 다양한 자료를 인용하여 UN군의 38도선 돌파 이전에 중국의 능동적인 참전 의사가 존재했음을 보여 주고 있다. 주은래는 1950년 7월 2일 주중 소련대사 로신에게 "만일 미국이 38도선을 넘을 경우, 중국 군대는 지원군의 형식으로 조선인민군 복장을 하고 미국과 전투를 벌일 것이며, 이를 위해 심양에 3개 군 12만 명의 병력을 배치할 것"이라고 통보하였다.[57] 션즈화는 "미군이 '38도선을 넘을 경우'라는 조건은 로신의 말을 받은 것이고, 당시 모택동의 마음에는 뛰어넘지 못할 경계선은 결코 없었다"고 추론한다.[58] 1950년 7월 19일 김일성은 주 북한 소련대사 슈티코프에게 모택동과 북한대표와의 회담 내용을 통보하면서, 모택동이 "김일성과 노동당 중앙위원회가 외국으로부터의 원조를 받는 문제에 대하여 생각해 본 적이 있는지를 먼저 주동적으로 질문하고, 이어 조선이 원조를 원한다면 중국은 자국군대를 파견할 수 있으며, 이를 위하여 이미 4개 군 32만 명이 준비되어 있다고 분명하게 밝혔다"고 알려 주었다.[59] 미군의 인천상륙 이후인 1950년 9월 21일 류소기는 로신에게 "중국 지도부는 '중국 혁명은 아직 끝나지 않았다'라고 생각하고 있으며, '미 제국주의와의 전투는 최종 승리를 앞당길 것이다'라고 주장하였고, 중국군의 사기는 매우 높으며, 만일 미국이 조선에서 우세를 차지하면 중국은 조선 동지를 도와야 할 의무가 있다."라고 말

56 션즈화, 『모택동, 스탈린과 조선전쟁』, 제3개정판, 광동인민출판사, 2012, 제4장, p. 1(이는 이전에 출판된 같은 제목의 책의 전면개정판이며, 필자는 북경대 김동길 교수에 의해 번역된 제4장 초고의 페이지 수에 따라 인용을 하였다).

57 션즈화, 2012, 제4장, p. 5.

58 션즈화, 2012, 제4장, p. 5.

59 션즈화, 2012, 제4장, p. 8.

하였다.[60] 하지만 이러한 중국의 적극적인 자세에 대해 스탈린은 지속적으로 유보적 입장을 표명하였고, 이를 알게 된 김일성도 신중한 태도를 견지하였다.[61]

③ 내부적 안보위협

외부적 안보위협의 요인과 함께 참전 결정의 중요한 변수로 작용한 것은 당시 중국 내부의 안보위협에 대한 모택동의 인식이었으며, 이는 궁극적으로 참전에 대한 최종적인 결정요인으로 작용하였다. 모택동의 참전 결정과정을 이해하기 위해서는 내전 이후 중국의 전반적인 국내적 상황에 대한 고려가 요구되는 것이다. 즉 중국의 한국전쟁 참전은 항미원조운동이라는 대내적인 대중운동과 밀접한 연관을 갖는 것이었으며, 이는 중앙집권화와 관련된 모택동의 정치적 고려와 내전 이후 중국군의 재정비와 현대화의 필요성과도 맞물려 있었다.[62]

한국전쟁의 발발 직후 중국의 상황은 사회적, 경제적 동요의 모습을 보였고,[63] 모택동은 외부적 위협에 대한 강력한 대응의 모습을 보여

60 션즈화, 2012, 제4장, p. 14.

61 하지만 이러한 전쟁 초기 중국의 능동성의 존재가 UN군의 38도선 돌파 요인의 역할을 완전하게 부인하는 것은 아닐 수도 있다. 소련은 38도선 돌파 여부를 중국의 참전을 저지하는 명분으로 사용하고 있었으며, 필자와의 면담에서 뉴쥔은 북한군의 우세에 따른 중국의 조기 참전 의도의 존재를 인정하면서도, 인민해방군의 능력 부족과 미국과의 전쟁에서의 승리에 대한 불확실성 때문에 38도선이 돌파되지 않았다면 중국도 역시 참전하지 않았을 수도 있다고 지적하였다. 뉴쥔 교수와의 면담, 2013. 12. 10.

62 김옥준, 「중국은 왜 한국전쟁에 참전했는가」, 『내일을 여는 역사』, 23, 2006, pp. 136-139.

63 홍콩 중문대학에서 소장되어 있는 『내부참고』의 내용은 당시 상해의 시장 상황, 천진의 유언비어, 마적들의 출현, 교수와 학생들의 반응 등을 보여 주고 있다.

줌으로써 이를 극복할 수 있었다. 하지무(Hajimu)는 이와 같은 내부적 고려가 중국의 참전 이후 38도선 돌파에까지 연결되고 있다고 보고, 아래와 같이 서술하고 있다.

> 그(모택동)의 안보관념은 동북 국경의 물리적 방어뿐만 아니라 인민들의 사기에 대한 것도 포함하고 있었다. … 만약 그들(중국 지도자들)이 당과 국내사회, 그리고 해외에서의 비판적인 영향을 줄이고 국내와 공산주의 진영에서의 강력한 지원을 유지하기를 원했다면 공격적인 선택을 했을 것이고, 그것은 1950년 후반에 38도선을 넘어서 남진하는 것을 의미했다.[64]

이와 같은 내부적 요인과 함께 모택동의 참전 결정에 구체적인 변수로 작용한 것은 중국이 참전하지 않을 경우 예상되는 '동북지방의 불안정성'에 대한 고려였다고 할 수 있다. 이에 대한 이해를 위해서는 1950년 10월의 중국 파병에 관련된 모택동과 스탈린 사이의 긴장 관계를 분석할 필요가 있다. 10월 1일 김일성과 박헌영은 스탈린과 모택동에게 중국의 참전을 요청하는 전보를 동시에 발송하였다. 이에 스탈린은 모택동에게 파병을 요청하는 전보를 보내면서 중국군을 38도선 이북에 배치할 것을 제의하였다. 이에 대하여 모택동은 사실상 두 가지의

64 M. Hajimu, "The Korean War through the Prism of Chinese Society," *Journal of Cold War Studies*, 14, 3, 2012, p. 37. 뉴쥔은 제3차 전역 이후 38도선 이남으로 진격하지 말고 전열을 정비할 것을 건의한 팽덕회에게 모택동이 일본에 있는 정보원이 보낸 미군의 완전철수 가능성에 대한 보고를 알려 주면서 지속적인 전투를 독려하였다고 이야기하였다. 하지만 중국이 38도선을 넘지 않았을 경우 미국과의 유리한 협상 위치 점유 가능성에 대한 질문에 뉴쥔은 UN 가입에 대한 논의의 시작 정도가 가능했을 수 있으며, 대만에 대한 협상은 불가능했을 것이라고 답변하였다. 뉴쥔 교수와의 면담, 2013. 12. 10.

서로 다른 내용의 전보를 작성하였고, 이는 후에 관련 학자들 사이에 중요한 논쟁점이 되었다.[65] 하지만 소련에 전해진 것은 참전을 유보한다는 내용의 전보였고, 모택동은 10월 3일 박일우에게도 참전 불가를 통보하였다. 하지만 이후 팽덕회와 고강과의 협의를 거치면서 모택동의 생각은 다시 참전 쪽으로 기우는 것처럼 보이게 되었다.[66] 소련의 지원을 약속하는 10월 5일자 스탈린의 전보를 받은 모택동은 파병 의향을 분명히 하고, 소련과의 구체적인 협의를 위해 10월 8일 주은래와 임표를 스탈린에게 보내게 된다.

그러나 주은래를 만난 스탈린은 중국의 기대와는 달리 종전에 언급했던 무기와 공군 지원을 할 수 없다는 의사를 전달하였고, 북한군을 철수시켜 심양에 김일성의 망명정부를 설치하고 자신이 무기를 지원하는 방법을 제안하였다. 이 내용은 아래의 10월 11일자 스탈린-주은래 연명전보에서 나타나고 있다.

제4784호 암호전보

우선발송

65 1994년 홍콩의 한 학술회의에서 천이 참전 의향을 담은 모택동의 전보를 인용하면서 중국의 혁명적 목표의 일관성을 강조하자, 만수로프는 그 전보가 러시아 문서고에 없다고 지적하면서 참전에 대해 유보적 입장을 나타낸 다른 전보를 제시하였다. 이후 션즈화는 10월 1일에 작성된 첫 번째 전보는 발송되지 않고 모택동의 서랍 속에 보관되었고 10월 2일에 작성된 두 번째 전보가 소련으로 발송되었다는 사실을 밝혀냈다. 김동길 교수와의 면담, 2013. 11. 16.

66 이 부분에 대해서도 관련 학자들 사이에서 서로 다른 의견이 존재하는 것처럼 보인다. 션즈화는 이러한 행동을 소련으로부터의 지원을 확보하려는 모택동의 전술적인 고려에 따른 것으로 해석하는 반면, 김동길은 이와 같은 '좌사우상(左思右想)'의 존재가 실제로 모택동이 참전을 망설이고 있었다는 사실을 나타내는 것으로 보고 있다. 김동길 교수와의 면담, 2013. 11. 16.

북경주재 소련 대사관은 즉시 모택동 동지에게 전달할 것.

오늘 귀국(중국) 대표들이 도착하였습니다. 우리 소련공산당(볼셰비키) 지도부는 귀국의 대표들과 귀국이 이미 알고 있는 문제에 대하여 논의하였습니다.

의견을 교환한 후 확인할 수 있었던 상황은 이하와 같습니다.

1. 파견이 계획된 중국의 지원군은 출전 준비가 완료되지 않았다. 장비 수준은 열악하고 대포는 부족하며, 탱크는 보유하지 않은 상태이다. 엄호 임무를 수행할 항공병(공군)이 도착하는 데 최소 두 달의 시간이 필요하며, 이미 언급된 부대가 장비를 운용하고 훈련을 마치기까지는 적어도 6개월의 시간이 필요하다.
2. 한 달 이내에 상당 수량의 우수한 장비를 보유한 부대의 직접적인 지원이 제공되지 않을 경우 38선 이북의 조선군(북한인민군)은 더 이상 방어할 수 없을 것이며 조선(한반도)은 미국인에 의해 점령될 것이다.
3. 조선인(북한인)을 위한 유효한 지원은 반년 후에야 비로소 가능하므로, 이는 조선이 미국인에 의해 점령된 후 지원군이 더 이상 필요하지 않은 시점이 돼서야 지원이 가능하다는 것을 의미한다.

위의 언급한 원인과 중국의 참전이 중국 국내에 불리하게 작용할 수 있다는 주은래 동지의 보고를 종합하여 우리는 이하와 같이 결정하였습니다.

1. 현재 국제형세는 유리하지만, 중국군의 출전 준비가 완료되지 않았음으로 전략적으로 불리한 상황에 처하는 것을 피하기 위해서 조선으로

출병하지 않는다.

2. 만약 부대가 이미 국경을 넘었다면 더 이상 진입하지 않고 중국 국경과 인접한 산간지역에 주둔한다.
3. 조선군의 일부는 평양과 원산 이북의 산간지역에서 방어태세를 조직하되, 다른 일부 부대는 적의 후방으로 진입하여 유격작전을 개시한다.
4. 전시 징집된 조선인 중 우수분자 및 지휘관들을 가려 비밀리에 만주로 진입시키고 그들에게 조선인 사단을 재편하게 하도록 한다.
5. 평양과 북조선 산간지역 이남의 기타 주요 근거지를 가능한 빨리 분산시킨다.

중국 동지들이 요구한, 중국군을 재무장시키는 데 사용될 탱크와 대포, 비행기에 대하여 소련은 충분한 원조를 제공할 것입니다. 귀하의 결정을 기다리겠습니다.

서명: 필리포프(스탈린의 가명), 주은래

1950년 10월 11일[67]

이 전보를 받은 모택동은 10월 12일 북한군 철수에 동의하였다. 그는 중국군에게 출동 중지 명령을 내리고 고강과 팽덕회를 북경으로 소환하였다. 하지만 10월 13일 중앙정치국긴급회의의 상무위원회와 확대회의에서의 반대에도 불구하고 모택동은 고강과 팽덕회와의 협의 이후

67 1950년 10월 11일 스탈린, 주은래가 모택동에게 보낸 전문. 러시아 사회정치사 문서보관소(RGASPI), fond 558, opis 11, delo 334, listy 124-135, T6019, c. 108-109.

최종적으로 참전을 결정하게 된다.[68] 그 결정 내용은 주은래에게 보낸 다음의 전문에서 알 수 있다.

주은래 동지

1. 고강, 팽덕회 두 명의 동지 및 기타 정치국 동지들과 논의한 결과, 우리 군이 조선에 출병하여 참전하는 편이 여전히 유리할 것이라는 결론을 내렸습니다. 일차 시기 우리 군이 괴뢰군(한국군)을 집중적으로 공격하고 대적하는 것은 충분히 가능합니다. 원산과 평양선 이북의 방대한 산간지역을 공략하여 조선의 근거지를 세우고 조선인민을 고무시켜 인민군을 재조직하는 것도 가능하다고 여겨집니다. 두 달 후면 소련이 지원하는 공군이 도착합니다. 또한 6개월 뒤에는 소련이 우리 측에 제공할 대포와 탱크 등을 비롯한 화력이 도착하고, 병사들의 훈련이 완료되어 즉시 미군을 공격할 수 있습니다. 일차 시기에 수 개의 괴뢰군 사단을 궤멸시킬 수만 있다면 한반도 전황은 우리에게 유리한 국면으로 전환될 수 있을 것입니다.
2. 우리가 이미 언급한 적극적 정책을 취하는 것은 중국과 조선, 동방(동아시아) 그리고 세계를 위해서도 유리합니다. 반면 출병하지 않아 적군이 압록강까지 진격하는 것을 허락한다면 중국 국내외의 반동세력을 고무시켜 모두에게 불리한 결과를 초래하게 될 것입니다. 이는 우선적으로 동북지역에 매우 불리합니다. 또한 전체 동북 변방군이 이를 대적하는 데 휘말리게 될 것이며, 남만주 지역의 전력은 적의 수중에 떨어질 것입니다.

68 스탈린의 공군 지원 거절이 모택동에게 의외였던 것처럼 모택동의 참전 결정 역시 스탈린에게는 예상치 못한 것이었다.

3. 11일 필리포프(스탈린의 가명)와 귀하의 연명전보에 따르면, 소련은 비행기, 대포, 탱크 등 장비에 관한 우리 측의 요구를 모두 수용한다고 회답하였는데, 차용방식인지 구매방식인지 모르겠습니다. 현 상황에서는 차용방식만 가능합니다. 20억 달러의 예산은 경제, 문화 등 각 분야의 건설 및 일반 군정비용으로 확보해야만, 우리 군이 북한에서 장기간 작전을 수행할 수 있으며, 또한 국내 대다수 인민들의 단결을 유지시킬 수 있습니다.
4. 한반도 지역의 전투에서 우리 군이 공군지원을 제공받는 것 이외에 우리는 소련으로부터 두 달 혹은 두 달 반의 기간 동안 중국의 북경, 천진, 심양, 상해, 영하, 청해 등의 지역 상공에 대한 공군 엄호를 받아야 합니다. 그래야만 우리 군이 적의 공군을 두려워하지 않고 전투를 수행할 수 있습니다. 만약 두 달 혹은 두 달 반 이내에 적군의 공습이 발생한다면 일부 손실은 감수하는 수밖에 없습니다.
5. 종합적으로 검토하여, 우리는 마땅히 또한 반드시 참전해야 합니다. 참전해서 얻을 수 있는 이익은 크고, 참전하지 않음으로써 받는 손실은 엄중합니다. 현재 위의 언급한 제3항과 제4항의 가능 여부가 파악되지 않았습니다. 따라서 귀하는 모스크바에 며칠 더 머물면서 소련 동지들과 위의 문제에 대하여 재차 협상을 진행하십시오. 그리고 협상 내용에 관한 신속한 회신을 희망합니다.

모택동
10월 13일 22시[69]

69 1950년 10월 13일 모택동이 주은래에게 보낸 전문. 중공중앙문헌연구실 편, 『모택동 문집』, 제6권, 인민출판사, 1999, pp. 103-104.

일단 참전을 보류했던 모택동이 고강, 팽덕회와의 논의 후 다른 정치국원들의 반대를 무릅쓰고 파병을 결심한 것은 위에서 언급된 것처럼 결국 동북지방에 대한 고려였다고 할 수 있다.[70] 즉 스탈린의 심양 망명정부 안을 수용할 경우 이는 만주에 대한 소련의 개입과 미국의 진입 가능성을 의미하며, 그 결과로서 동북지방의 불안정이 불가피할 뿐더러 이는 중국 전체의 안정성을 위협할 수도 있었기 때문이다.[71] 이러한 동북지방의 특수성에 대하여 김경일은 아래와 같이 이야기한다.

> … 중국 공산당과 북조선의 역사적 관계를 감안할 때 북한의 방대한 지도부가 중국 동북지방으로 철수하여 북한 국내의 유격전과 연계하여 재기를 도모할 경우 중국은 당연히 북조선을 지지할 것이고, 그렇게 되면 동북지방은 사실상 미국이 침입하지 않아도 자연스럽게 미국과의 전선이 되고 말 것이라는 점이다. 거기에 소련이 이를 빌미로 개입할 경우

70 팽덕회는 10월 13일 회의에서 소련의 공군 불참전에 대해 강력하게 불만을 표시했으며, 김일성이 동북에 망명정부를 수립하고 미국을 변경에 두는 것 역시 생각하기 싫은 것이라고 토로하였다. 이완범, 「중국 인민지원군의 한국전쟁 참전 결정과정」, 박두복 편, 『한국전쟁과 중국』, 백산서당, 2001, p. 232. 박두복은 또한 모택동이 한국전쟁에 참전함으로써 소련의 지원을 받아 동북지방에 자율적인 정부를 세우려는 고강의 시도를 무마시켰다고 지적한다. 박두복, 「중국의 한국전쟁 개입원인: 개입결정의 피동적, 능동적 측면」, 박두복 편, 2001, pp. 174-175. 하지만 김동길은 고강이 동북지방을 소비에트 연방에 편입시키려 했다는 루머가 있는 것은 사실이지만 고강이 숙청 대상이 된 것은 동북 때문이 아니라 류소기와 2인자 지위를 두고 벌인 권력투쟁에서 모택동이 류소기의 손을 들어주었기 때문이라고 이야기하였다. 김동길 교수와의 면담, 2014. 1. 15.

71 김경일은 청일전쟁, 러일전쟁, 중일전쟁, 국공내전의 장으로서 동북지역의 역사를 언급하면서, 모택동으로서는 동북의 불안정을 중국 전체의 불안정성으로 인식할 수밖에 없었을 것이라고 지적하였다. 김경일 교수와의 면담, 2014. 1. 13.

> 중국의 동북지방은 또다시 중국과 미국, 소련 간의 각축장으로 떠오를 가능성이 있는 것이다. 스탈린은 북한군 지휘부를 동북지방으로 철수시키는 것은 동북지방에서 북한으로 복귀하는 것이 쉽기 때문이라고 주장하였다. 그러나 그것은 결국 북한이 미국에 완전히 점령당할 경우 북한이 중국의 동북지방에서 국권수복 투쟁을 벌이게 된다는 것을 의미하는 것이다. 당시 동북지방에 북한을 지지하는 100만이 넘는 조선족들이 있었다는 것을 감안하면 이 문제는 결코 간단한 문제가 아니었다.[72]

여기서 우리는 중국이 동북지방 조선인들의 정체성을 보는 양면적인 측면을 관찰할 수 있다. 왜냐하면 "연변 조선인의 한반도에 대한 사랑, 곧 조국애는 조선인들을 반 국민당 투쟁 전선으로 인도하고자 했던 중국 공산당이 볼 때 일단 통제해야 할 대상"이었기 때문이다.[73]

④ 전략적 고려

션즈화는 한국전쟁 발발 초기에는 중국의 관심은 아직 한반도로 옮겨가지 않았다고 말하고, 미국이 전면적으로 개입한 이후, 특히 제7함대가 대만해협에 진입한 이후 중국 지도부는 한국전쟁에 점점 더 관심을 표시하게 되었다고 본다.[74] 이러한 변화는 한국전쟁이 중소북 관계에 갖는 전략적 의미와 연결되고 있다. 중국의 참전은 한편으로는 소련에 대한 중국의 비대칭적인 관계를 보여 주는 것이기도 하나, 모택동은 파병을 통해 대소관계에서 자신의 자율성을 증대시키고 북한에 대한 영향력을 확보할 수 있다는 사실을 깨달았을 수도 있는 것이다. 션즈화는

72 김경일, 2005, p. 405.
73 염인호, 2010, p. 72.
74 션즈화, 2012, 제4장, p. 4.

전쟁 초기 모택동의 적극적인 태도는 스탈린의 의심과 우려를 불러일으켰는데, 이는 중국 참전의 결과에 따른 한반도에서 중국 지위의 확대가 장기적으로는 소련에게 불리하다고 생각했기 때문이라고 지적하고 있다.[75] 사실상 한국전쟁은 '평양, 모스크바, 그리고 북경 3자의 연합작품'이며,[76] 헌트의 표현대로 '기민한 민족주의자이자 확고한 현실주의자'인 스탈린과 모택동이 벌인 복잡한 체스게임이었던 것이다.[77]

하지만 이러한 전략적 고려에 대한 지나친 강조는 한국의 베트남 참전 사례에서처럼 "결과를 통해 의도를 추론하는" 오류를 범할 수 있는 가능성이 있다. 따라서 중국은 전쟁의 개입 이후 다양한 전략적 목표를 갖게 되었다고 보는 것이 적절할 수도 있는 것이다. 쑤이는 "중국은 개입 후 1951년 7월 휴전협상이 개시될 때까지 작전상황의 변화에 따라 14개의 개입목적을 지니고 있었다"고 이야기한다.[78] 중국은 "전쟁의 휴전과 함께 중국의 유엔가입과 미국의 대만 포기 등을 주장"하였지만,[79] 위에서 서술된 것처럼 전쟁의 전개상 이 시기 중국은 이와 같은 목표를 실현시킬 수 있는 협상력을 갖고 있지 못했던 것이다.[80]

75 션즈화, 2012, 제4장, p. 9.

76 데이빗 쑤이 저, 한국전략문제연구소 역, 『중국의 6·25 전쟁 참전』, 한국전략문제연구소, 2011, p. 33. 션즈화는 그의 다른 논문에서 중국과의 동맹조약 체결 과정에서 부동항을 상실하게 된 소련이 이를 보상받고자 김일성의 전쟁 계획에 동의했다는 주장을 제기하였다. 션즈화, 「극동에서 소련의 전략적 이익보장: 한국전쟁의 기원과 스탈린의 정책결정 동기」, 『한국과 국제정치』 30, 2, 2014.

77 O. A. Westad, "Fighting for Friendship: Mao, Stalin, and the Sino-Soviet Treaty of 1950," *Cold War International History Project Bulletin*, 8-9, Woodrow Wilson Center, 1996/1997, p. 226에서 재인용.

78 쑤이, 2011, p. 10. 자세한 내용을 위해서는 쑤이, 2011, 제6장을 볼 것.

79 쑤이, 2011, p. 11.

80 남한의 영토 일부를 장악한 후 이의 상환을 조건으로 중국의 UN 가입과 미

결론적으로 볼 때 여기에서 제시된 네 가지 요인은 중국의 한국전쟁 참전에 있어 각기 상이한 비중을 갖고 있는 것으로 생각된다. 관념적 연대와 외부적 안보위협의 요인은 파병을 검토하고 수행하는 전반적인 배경과 동기로 작용하였다. 그러나 소련과의 긴장 관계에서 참전결정의 최종적 변수가 되었던 것은 '동북지방의 불안정성'이라는 내부적 안보위협의 요인이었던 것으로 보인다. 그리고 마지막 요인인 전략적 고려는 실제적인 참전과정을 통해서 부분적으로 수행되었다고 할 수 있을 것이다.

이와 같은 네 요인의 현 상태를 생각해 보는 것은 현재의 북중관계 분석을 위해 유효할 것이다. 첫 번째 관념적 연대의 요인은 냉전의 종언과 북한의 삼대 세습을 거치며 크게 약화되었으며, 혈맹의 동지적 유대관계에서 정상적인 국가관계로의 진행이 이루어지고 있다고 할 수 있다. 두 번째 외부적 안보위협과 미국위협론은 미국의 아시아 재균형 정책에 따라 새로운 형태로 존재하고 있다고 할 수 있으며, 세 번째 내부적 안보위협의 요인 역시 취약국가와의 국경안보라는 또 다른 형태의 정책적 고려의 대상이 되고 있는 것으로 생각된다. 마지막의 전략적 고려는 중국 국력의 성장과 북한의 핵개발과 함께 그 비중이 증가되고 있다고 할 수 있다. 궁극적으로 보아서 한국전쟁 참전을 통해 형성된 북중관계의 역사적 토대는 현재에도 재구성된 모습으로 지속되고 있으며, 이러한 유산은 중국의 대북정책 전망에 있어서 전술적인 변화와 전략적인 현상유지의 가능성을 크게 만들고 있다고 볼 수 있는 것이다.

국의 대만 포기를 요구하려 했던 이 구상은 흥미롭게도 원래 스탈린에 의한 것이었다고 한다. 쑤이, 2011, p. 10.

2) 샌프란시스코 체제

한국전쟁을 전후로 한 미중관계의 전환과 함께 동아시아 냉전의 차별성을 만들어 낸 두 번째의 요인은 태평양전쟁 이후 미일관계 전환의 측면이며, 이는 역코스 정책과 샌프란시스코 평화조약을 거쳐 이루어졌다. 2차 대전 이후 영미 간의 중요한 합의사항 중의 하나는 일본 군국주의의 철저한 해체였다고 할 수 있다. 하지만 이러한 미국의 초기 점령정책은 냉전의 등장에 따라 변모하였고, 케넌의 전략에서 나타나듯 일본은 동아시아에서 미국의 중요한 이념적, 전략적 동반자의 지위를 부여받게 되었다.[81] 한국전쟁이라는 열전의 존재는 미중관계를 더욱 악화시키고 미국 내부의 냉전적 합의를 공고히 하면서 일본을 재무장시키는 계기를 제공함으로써 동아시아의 냉전구조를 이전의 소극적인 봉쇄의 형태에서 실질적인 대결구도로 변화시키는 역할을 하였다. 한국전쟁과 샌프란시스코 평화조약을 거치면서 형성된 미일관계 중심의 이른바 '샌프란시스코 체제'의 사례는 안보적인 동맹구조를 넘어서 정치경제적인 의미를 갖는 것이었으며, 이는 위에서 언급된 위협전이의 양상과 그를 둘러싼 한국과 미국 사이의 인식의 격차를 동시에 보여 주고 있다.[82]

81 역코스 정책의 채택과 그 내용에 대해서는 M. Gallicchio, "Recovery through Dependency: American-Japanese Relations, 1945-1970," in W. Cohen, ed., *Pacific Passage*, Columbia University Press, 1996을 볼 것. 이러한 전환을 통해서 전후에 존재했던 일본에 대한 워싱턴과 군정, 국무부와 국방부의 갈등은 소멸되었다.

82 신욱희, 「'일본문제'에서 '북한문제'로: 한국전쟁을 통한 동북아시아에서의 위협전이」, 『한국정치외교사논총』, 38, 1, 2016을 볼 것.

① 한국전쟁과 샌프란시스코 강화조약

저비스가 지적하듯이 한국전쟁은 냉전의 결과라기보다는 그를 통해 글로벌 냉전, 특히 동아시아 냉전의 성격이 규정된 역사적 사건이라고 할 수 있을 것이다.[83] 한국전쟁의 발발과 전개가 중요한 또 하나의 이유는 그 과정에서 샌프란시스코 강화조약이라는 태평양전쟁의 전후 처리 작업이 이루어지고 그 결과로서 미일관계를 중심으로 하는 냉전기 동아시아 국제관계의 기본축 중의 하나가 만들어졌다는 점이다.[84] 샌프란시스코 체제의 형성은 행위자 차원에서는 일본의 입장을 중시한 미국의 관료들과 미국에게 자신의 입장을 적극적으로 설득한 일본 관료들에 의해, 그리고 전략적 차원에서는 미국의 태평양에서의 기지 확보 노력과 일본의 조기 강화, 자율성 모색의 상호작용을 통해서 이루어졌다고 할 수 있다. 이종원은 냉전에 의한 탈식민지화 과정의 제약과 굴절, 그리고 미국 주도의 냉전적 헤게모니 형성이라는 관점에서 샌프란시스코 강화조약과 동아시아 냉전의 관계를 검토하면서, 이러한 과정이 현재의 영토분쟁, 역사인식, 그리고 동맹체제의 문제와 연관이 있다는 점을 지적하였다.[85]

류지아는 "샌프란시스코 강화조약이 연합국과 일본 간의 점령은 종결시켰을지언정 아시아에서의 전후체제를 종결시키지 못했다"는 한 일본학자의 주장을 인용한 후,[86] 미국이 "한국전쟁을 전후하여 이전에

83 R. Jervis, "The Impact of the Korean War on the Cold War," *Journal of Conflict Resolution*, 24, December, 1980을 참조할 것. 즉 한국전쟁이 냉전의 종속변수가 아닌 독립변수적인 성격을 갖는다고 보는 것이다.

84 주지하는 것처럼 한국전쟁은 동아시아 냉전의 다른 한 축인 중소관계에도 중요한 영향을 미쳤다.

85 이종원, 「샌프란시스코 체제의 지속과 변용」, 서울대학교 아시아연구소 학술회의, "중국혁명, 한국전쟁, 동아시아 지역질서" 발표논문, 2013을 볼 것.

86 류지아, 「한국전쟁 전후, 대일강화조약 논의에 의한 아시아 내에서 일본의

보복적인 성격이 강한 '엄격한 강화'에서 아시아 지역에서의 미국 입장을 고려하여 일본을 자유진영에 편입시키면서 아시아의 반공 보루로 설 수 있도록 고려한 '관대한 강화'로 [정책적] 궤도를 완전히 수정"하였음을 보여 준다.[87] 그에 따르면 이를 통해 대일 강화조약이 미일 안보조약의 성격을 갖게 되고, 냉전 상황에서의 일본의 '주체적' 참여가 이루어지면서 아시아에서 일본의 입장에 큰 변화가 나타나게 되었다는 것이다. 프라이스(Price)도 샌프란시스코 강화조약이 전후 동아시아 국제관계의 정상화 과정에 영향을 미치고, 지역의 군사화를 초래했다는 점에서 조약의 문제점을 강조하고 있다. 즉 미국의 냉전 전략과 일본의 탈아론적인 입장이 맞물리면서 정작 대상 지역인 동아시아는 주변화되었다고 보는 것이다.[88]

캘더(Calder)는 마찬가지로 샌프란시스코 강화조약을 덜레스(Dulles)의 사고와 요시다의 의도가 연결되면서 일본의 영향력이 행사된 사례로 파악하면서도, 이를 좀 더 광범위한 안보-경제 협력의 차원에서 해석한다.[89] 그는 샌프란시스코 강화조약을 통해 형성된 미일 사이의

안보와 위상: 한국과의 관계를 중심으로」, 『한일민족문제연구』, 18, 2010, p. 72.

87 류지아, 2010, p. 81.

88 J. Price, "Cold War Relic: The 1951 San Francisco Peace Treaty and the Politics of Memory," *Asian Perspective*, 25, 3, 2001을 참조할 것. 미국은 사실상 전범국으로서 일본의 처리라는 평화조약의 탈식민주의적 측면에는 큰 관심이 없었고, 그러한 접근법의 유산은 현재 동아시아의 역사/영토 분쟁의 요인으로 남아 있는 것이다.

89 K. Calder, "Securing Security through Prosperity: The San Francisco System in Comparative Perspective," *The Pacific Review*, 17, 1, 2004를 볼 것. 그는 '번영을 통한 안보의 추구'라는 이와 같은 군사와 경제의 연결 전략이 전후 동아시아 안보와 경제성장의 토대가 되었다고 지적한다. 하지만 현재의 중국의 부상이라는 새로운 요인의 등장은 샌프란시스코 체제의 전환 내지는 보완을

새로운 레짐을 '샌프란시스코 체제'라고 부르는 이리에의 정의를 소개하고,[90] 이를 태평양의 양편에 있는 두 국가의 국내적인 정치경제적 이익의 수렴에 따라서 형성되면서 안정성이 보장된 기제로 보고 있다. 현재까지도 미일동맹이 '관념적 동맹'으로 간주되고 있는 점을 고려한다면, 한국전쟁과 샌프란시스코 평화회의를 통한 동북아에서의 초기 냉전의 형성은 안보-경제-관념의 흥미로운 연계 모습을 보이고 있다고 할 수 있다. 여기에서는 이와 같은 한국전쟁의 발발 이후 동북아에서 샌프란시스코 체제의 형성과 그 결과의 논의와 더불어, 그 과정을 통해 나타난 위협전이의 양상, 즉 미 정책결정자들과 한국 이승만 대통령의 위협인식 변화와 그 차이점을 살펴보려 한다.

② 미국의 인식

트루먼은 자신의 회고록에서 일본의 침략에 따른 중국 근대화의 좌절을 아래와 같이 서술하였다.

> 미국인들은 항상 중국인에 대해 우호적인 감정을 가져왔다. 미국의 선교사, 의사, 그리고 교사들은 중국에서 많은 시간을 보냈고, 그들의 기독교적, 인본주의적 노력은 중국인들로부터 오랫동안 진정한 지지를 받아왔다. 더 나아가 많은 미국인들에게 중국은 전제의 굴레를 떨치고, 그들의 고토에 깊이 뿌리박힌 중세적인 제도로부터 벗어나려는 노력을 시도해 온 것으로 기억되었다. 하지만 이러한 노력은 1931년 일본인들이 오랜 침탈의 계획을 전개하고 구 제국의 더욱 많은 영토를 그들의 통제

요구한다고 지적되는 것이다. 이는 5장에서 다시 논의된다.

90 Calder, 2004, p. 137.

아래 두게 됨에 따라 좌절되었다.[91]

따라서 태평양전쟁의 승리 이후 일본에 대한 미 점령정책의 목표가 애치슨이 언급한 대로 다음과 같았던 것은 자연스러운 일이었다.

> 일본에서의 미국의 목적은 정책성명에서 제시된 것처럼 일본의 비무장과 비군사화, 전범들의 처벌, 개인적 자유와 민주적 과정의 진작, 평화로운 경제를 지향하는 산업의 조정, 그리고 본질적으로 동의된 보상의 지불을 포함한다.[92]

하지만 1947년부터 이른바 대일정책의 역코스가 고려되기 시작하였고, 1948년 2월 케넌의 정책보고서에 의해 무장해제와 개혁에서 재무장과 경제부흥으로의 냉전적인 정책 전환이 모색되었다.[93]

한편 한국전쟁 이전 트루먼의 북한문제(North Korean problem)에 대한 인식은 아래에서 보이는 것처럼 명확하지 않았다.

> 1948년 봄에 내가 한국정책에 대해 보좌관들과 논의한 바에 따르면, 우리는 이곳이 소련이 통제하는 공산주의 세계가 공격을 할지도 모르는 곳이라고 알고 있었다. 그러나 우리는 노르웨이부터 베를린과 트리에스테를 거쳐 그리스, 터키, 이란에 이르기까지, 북태평양의 쿠릴에

91 H. Truman, *Memoirs by Harry S. Truman, Vol. II: Years of Trial and Hope*, Doubleday & Company, 1956, p. 51.

92 D. Acheson, *Present at Creation: My Years in the State Department*, W. W. Norton & Company, 1969, p. 427.

93 J. Swenson-Wright, *Unequal Allies?: United States Security and Alliance Policy toward Japan, 1945-1960*, Stanford University Press, 2005, ch. 1을 볼 것.

서 인도차이나와 말라야에 이르기까지의 동서의 모든 접촉면에서 마찬가지의 말을 할 수 있다. 물론 모든 사령관들은 자신의 지역이 가장 위험하다고 믿지만, 분명한 것은 전력과 물자의 배치에 대한 결정은 지역 사령관들이 아니라 최고 통수권자에 의해 결정되어야 한다는 것이다.

1950년 봄의 한국에서의 정보 보고는 북한은 전력을 지속적으로 증강시키고 있으며, 게릴라 부대를 계속 한국으로 보내고 있다고 지적한다.

무장된 집단이 대치하고 있는 38도선을 따라 지속적인 사건이 발생하고 있다. 봄 내내 중앙정보부의 보고서는 북한이 언제라도 고립된 침투에서 전면적인 공격으로 전환할지도 모른다고 이야기한다.

첩보에 따르면 북한은 항시 그러한 공격을 할 능력을 갖고 있지만, 그 가능성이 분명하다거나 언제 실현될지에 대해 단서를 제공하는 정보는 부재하다. 하지만 이와 같은 문제는 한반도에 한정된 것은 아니다. 이와 같은 유사한 정보들은 러시아인들이 공격할 만한 '능력을 보유하고' 있는 다른 여러 지점들도 있다는 것을 반복적으로 나에게 이야기하고 있다.[94]

하지만 한국전쟁의 발발 이후 북한문제의 성격은 다음과 같이 냉전기의 안보문제 전체를 대변하는 것으로 묘사되었다.

애초부터 우리는 미국이 주요한 부담을 져야 할지도 모른다는 점을 알고 있었다. 그것은 우리의 지리적 위치와 능력 때문에 불가피한 것이었다. 우리의 동맹들은 아직 그들의 분열된 국가들을 재건설하고 그들의 민간인들의 천천히 치료되는 상처를 봉합하고 있다. 그들 대부분은

94 Truman, 1956, p. 331.

자신의 국경에서 공산주의자들의 가능한 공격에 직면해 있다.

공산주의 침략자들은 이전의 사례들에서 그들이 점령하고 침범할 경우 우리가 어떻게 대응할 것인가를 밝혀내려 노력하였다. 그들은 이란, 그리스, 터키, 그리고 베를린에서 우리가 겁을 먹거나 속아 넘어가지 않을 것이라는 배웠다. 하지만 한국 이전까지 그들은 그들의 행동을 전복, 간접적 공격, 협박, 그리고 혁명에 국한시켜 왔다.

그러나 한국에서 세계는 새롭고 과감한 공산주의의 도전에 직면하였다. 여기서 2차 대전 이후 처음으로 공산주의자들은 공개적이고 도전적으로 군사력을 사용하여 도발하였다. 공산주의자들은 경고와 변명 없이 행동하였다. 그들은 공개적인 전투에서 탱크와 비행기로 한국의 38도선을 넘었던 것이다.

우리는 공산 제국주의자들이 한국이나 다른 곳에서 자유롭게 행동하는 것을 한가로이 바라보고 허용할 수는 없다. 이 도전은 저지되어야 했으며, 그렇게 되었다. 그것은 세계가 전면전으로 빠지지 않게끔 저지되어야 했으며 그렇게 처리되었다. 우리는 두 차례의 비참한 세계 전쟁에서 다른 방식으로의 처리는 또 하나의 세계 전쟁을 가져오게 된다는 것을 쓰라리게 비극적으로 학습하였다.[95]

애치슨도 자신의 자서전에서 다음과 같이 언급하고 있다.

한국에서의 공격은 소련이 정치적 목적을 위해서 무력을 (최소한 그 시작에 있어서는 위성국을 통하여) 사용할 준비가 되어 있다는 점을 보여 주었고, 또한 군사행동의 현재, 준비, 계획에 있어서 힘의 핵심적 중요성을

95 Truman, 1956, p. 463.

또한 보여 주었다.[96]

아이젠하워(Eisenhower)는 처칠(Churchill)에게 보내는 편지에서 이를 다음과 같이 묘사하였다.

> 우리는 국제공산주의가 서태평양의 도서 경계를 침투하여 즉각적이고 직접적으로 필리핀과 인도네시아를 위협하는 위치에 오게 된다면, 유럽의 자유 국가들을 포함한 우리 모두가 지금보다 훨씬 악화된 문제에 처하게 된다고 믿습니다. 확실히 모든 지역이 곧 위험에 빠지게 될 것입니다.[97]

즉 북한문제는 동아시아, 그리고 세계를 포괄하는 냉전적 위협의 상징으로 인식되었던 것이다.

덜레스에게 있어 일본은 원래부터 문제(question)가 아닌 모범(example)에 해당하였다. 1950년의 저서에서 그는 이에 대해 아래와 같이 이야기하였다.

> 그러한 점에서 일본은 우리의 특별한 관심과 책임의 대상이다. 우리가 하려고 한다면 우리는 일본이 아시아에서 정신적이고 지적인 풍요로움과 물질적인 번영 속에서 성장하는 자유사회의 모범이 되도록 도와줄 수 있다. 이는 쉬운 일이 아닌데 왜냐하면 일본은 인구가 부족하고 비옥한 토지가 적으며 산업생산과 해외시장을 필요로 하고 있기 때문이다.

96 Acheson, 1969, p. 443.

97 D. Eisenhower, *The White House Years: Mandate for Change, 1953-1956*, Doubleday & Company, 1963, p. 470.

정신적인 쇄신과 정치적 교육도 요구된다. 만약 우리가 일본인들이 자신들의 정신적, 물질적인 필요를 충족시키도록 도와줄 수 있다면, 이 자체가 아시아/태평양 전체에 영향력을 행사하게 될 것이다. '행동과 모범'은 선전이나 무력보다 장기적으로 더 효과적이다.[98]

반면 덜레스는 당시의 냉전적 환경을 다음과 같이 일촉즉발의 위기 상황으로 인식하고 있었다.

공산주의자들은 항상 공산주의와 자본주의가 죽음으로 귀착되는 갈등 상황에 있다고 전제한다. 미국의 많은 사람들도 현재 동일한 가정을 하고 있다. 이는 전쟁을 좀 더 가능케 하고, 정치 지도자들이 점점 더 평화를 획득하는 것에 대한 정치적 결정보다는 미래의 전쟁에서 승리하는 것에 대한 군사적인 결정에 의해 계도되도록 만든다.[99]

이와 같은 상황에서 공산진영의 일체성에 비해 분열된 서구의 모습은 덜레스에 있어 아래와 같이 큰 위험요인으로 인식되었다.

우리의 전략/군사적인 관심의 영역인 이른바 '서구'에서 우리는 몇 가지의 좋은 정책을 가져왔다. 그러나 서구는 아직 그 자체 내에서 심각하게 분열되어 있다. 우리들의 정책은 서구에서 자체적인 분열의 씨앗을 제거하지 못하고 있고, 우리가 사회주의 진영에 좀 더 관심을 기울일 수 있기 위해서 완결되어야 할 작업들에 의해 발목 잡혀 있다. 따라서 서구 진영 내부에서도 우리의 정책은 강화되어야 하는 것이다.

98 J. F. Dulles, *War or Peace*, Macmillan, 1950, p. 230.
99 Dulles, 1950, p. 2.

아시아, 태평양의 광활한 지역에서 우리는 적절한 정책을 갖고 있지 못한데, 이는 지금까지 우리의 친근한 동료였던 중국이 소련 공산주의의 동맹 세력에 의해 전복되었기 때문이다. 이는 우리와 아시아, 태평양의 국민들과의 관계에 대한 새로운 사고를 요구하고 있다.[100]

이러한 덜레스의 위협인식은 한국전쟁의 발발, 그리고 중국의 참전과 함께 더욱 강화되었고, 샌프란시스코 강화조약을 통해 일본문제(Japanese Question)의 완전한 탈안보화(desecuritization) 모습으로 나타났다. 즉 전후 탈식민화의 일본문제에서 냉전적 위협의 표상으로서 북한문제로 동북아에서의 위협전이가 이루어진 것이었다.

이와 같은 인식의 전환은 하위의 관료적 수준에서도 마찬가지로 등장하였다. 한국전 발발 직후 국무부 공보실은 한국의 사태가 "일본의 완전하고 영구적인 비무장이란 그 문제가 태평양의 우리 우방국들과 논의될 수 있는 순간 철회되어야 하는 실책이었다는 것을 솔직히 인정할 필요성을 강력하게 옹호하고 있다"는 리프먼(Lippmann)의 말을 인용하였다.[101] 미국의 관리들은 전쟁 초기에 자신들의 우려를 다음과 같이 표현하였다.

이 지역에서의 UN의 축출을 의미하는 한국에서의 패배는 미국에게 비교할 수 없을 정도의 위신의 상실을 가져올 것이고 이는 일본인들과 우리의 관계를 크게 전환시키게 될 것이다. 그 관계는 정복자와 피정복자의 그것이 아닌 평등성의 관계로 접근할 것이다. … 우리의 일본과의 변화된 관계와 일본인들의 태도를 인식한다면, 다음과 같은 노선을 따

100 Dulles, 1950, p. 176.
101 국사편찬위원회, 『남북한관계사료집 제11집』, 1995, p. 100.

른 계획이 시급하게 이행되어야 할 것이다.

> * 평화조약을 빠르게 종결할 것, 그리고 그 중간 단계로서 군정(SCAP)에서 일본 정부로의 책임 전환의 속도를 증대시킬 것.
> * 시설과 장비가 허락하는 대로 경찰과 해양경비의 조직을 확충할 것.[102]

③ 이승만의 복합적 인식

위에서 보는 것처럼 비교적 단순하게 행해진 미국의 위협인식 변화에 비해 한국의 거의 유일한 외교정책결정자였던 이승만의 인식 변화는 그 내용에 있어 좀 더 복잡한 모습을 보이고 있다. 이승만의 일본에 대한 위협인식의 전형은 1941년 저서인 *Japan Inside Out*(일본내막기)에서 잘 나타나고 있는데, 그는 1949년의 서한에서도 다음과 같이 경고하였다.

> 미국 대중을 현혹시키려는 일본인들의 노력에 있어 우리는 미 국민들에게 그들이 이전에 했던 것처럼 일본 사람들을 신뢰하는 것의 어리석음에 대해 이야기해 주어야 하며, 한국인들이 항상 일본 사람들에게 대대로 내려온 적수였다는 사실을 알려 주어야 한다. 한국인들은 일본 사람들의 진면목을 이해하고 해석하며, 그들의 비밀스러운 군사력의 증대를 제어하는 데 도움을 줄 수 있는 유일한 사람들이다.[103]

이승만은 아울러 아래에서처럼 북한으로부터 위협의 긴박함을 강조하

102 국사편찬위원회, 1995, p. 28.

103 1949년 1월 13일자 서한, 국사편찬위원회, 『대한민국사자료집 제29집: 이승만관련서한자료집 2, 1949-1950』, 1988a.

고 있었다.

> 비록 우리가 전체적인 상황에 대한 어떤 우려의 신호를 공개적으로 보이고 싶지는 않지만, 신경이 쓰이지 않을 수는 없다. … 중국의 공산주의자들이 중국에서 그러했던 것처럼 곧 북한의 공산주의자들이 우리의 영토를 내려와 점령할지도 모른다.[104]

하지만 공산진영의 위협에 대항하는 일본과의 협력 가능성을 묻는 외신기자의 질문에 대해 이승만은 다음과 같이 답하였다.

> 기브니(Gibney) 기자: 일본과 협력하는 것은 어떻습니까? 거의 필요한 것으로 보이는데….
>
> 대통령: 우리는 지금 우리가 아시아에서 공산주의의 팽창이라는 공통의 문제를 갖고 있다는 점을 인정해야 합니다. 그리고 따라서 공산주의의 확산을 막기 위해서 우리가 과거를 잊고 일본인들과 협력해야 한다는 점을 한국 국민들에게 인지시키려 노력해 왔습니다. 우리 국민 중 일부는 내가 너무 지나쳤다고 생각하지만, 다른 사람들은 우리가 옳다고 생각하는 것 같습니다. 이 모든 것은 일본인들에게 달려 있습니다. 만약 그들이 자신의 잘못을 자각하고 한국인들을 인간 대 인간으로 만나 공정하게 우리를 대한다면 우리는 협력하기 위한 모든 것을 할 것입니다. 그렇지 않다면 상황은 매우 위험해집니다.[105]

한국전쟁 발발 이후에도 이러한 인식은 지속되면서, 이승만은 트

104 1949년 5월 22일자 서한, 국사편찬위원회, 1988a.
105 1950년 5월 17일자 서한, 국사편찬위원회, 1988a.

루먼에게 일본의 재무장에 대한 우려를 표명하고 한국의 군사력 증강을 주장하였다.

> 일본을 재무장시키고 싶어 하는 사람들은 일본이 모든 아시아 국가들을 방어할 것이고 우리는 자신의 안보에 대해 걱정할 필요가 없다고 느끼고 있습니다. 이제 우리는 우리 자신의 안보를 위해, 그리고 극동의 평화를 위해 한국과 일본 사이의 세력균형을 유지할 수 있는 동등한 군사력을 요구합니다. 그러한 균형은 한국인들에게 그들의 국가를 방어하고 공동의 적인 러시아를 견제하기 위해 일본과 협력할 수 있게끔 할 것입니다. 그러나 만약 일본이 압도적인 힘을 갖는다면 한국인들은 결코 일본을 신뢰하지 않을 것이며, 일본인들은 다시 한국을 강탈하려고 하고 한국은 결코 평화롭지 못할 것입니다.[106]

> 대통령 각하, 저는 당신이 일각에서 미래의 공산주의 침략으로부터 아시아를 지키기 위한 수단으로 일본의 군사력을 다시 활성화시키라는 권고를 받고 있다는 사실을 알고 있습니다. 나는 당신에게 이러한 종류의 제안이 갖는 허구성을 진지하게 설명해야만 합니다. 몇 세기 동안 일본 군국주의에 의해 고통을 받아 온 아시아의 국가들은 재무장된 일본의 의도에 대해 지금도 믿음을 가질 수 없습니다. 우리 자신의 안보와 아시아의 평화와 안정 모두를 위해서 한국의 군사력은 일본의 그것과 동등해져야 합니다.[107]

106 1951년 3월 17일자 서한, 국사편찬위원회, 『대한민국사자료집 제30집: 이승만관련서한자료집 3, 1951』, 1988b.

107 1951년 3월 26일자 서한, 국사편찬위원회, 1988b.

이승만은 요시다가 한국전쟁에 일본 군대 파견을 제의한 후, 일본의 위협에 대한 다음과 같은 세 가지 질문을 제시하고 있다.

> 중요한 질문들:
>
> a. 일본인들과 그들의 지도자들은 선택된 민족으로 세계를 제패하려는 그들의 꿈을 진취적으로 그리고 최종적으로 버렸는가?
>
> b. 미국을 패배시키려는 생각을 포기하였는가?
>
> c. 그들은 자신의 이전 정책을 전환하고 현재 미국과 지속적이고 충실한 우의를 추구하고 있는가?[108]

이승만은 아이젠하워에게 일본의 지상군 파견을 거부하면서 한일 간의 공존을 위한 양국 간 세력균형의 필요성을 아래와 같이 강조하였다.

> 우리들의 목적은 공산주의자들을 몰아내고 압록강 전선을 수호하기 위한 충분한 지상군을 구축하는 것입니다. 우리는 또한 균형 있는 군사력을 제공하기 위해 우리의 공군과 해군력을 충분히 확대시키는 것에 대한 당신의 지원과 이해를 희망합니다. 우리는 일본의 한국에 대한 태도에 관해 조금은 신경이 쓰입니다. 일본 정부는 우리 (귀속)재산의 80퍼센트를 요구한다고 선언하면서, 두 국민 사이에 지속적인 갈등을 야기하는 문제를 해결하는 것은 거부합니다. 몇몇 친일 미국 인사들은 한국에 대한 일본 지배의 재수립을 선호하고 있습니다. 일본인들은 우리나라에 지상군을 파견하기를 원하는데, 이는 결코 허용되지 않을 것입니다. 만약 우리의 군사력이 일본의 것과 동등한 수준을 갖춘다면 우리는 태평양의 평화를 지키고 두 나라 사이의 좋은 관계의 건전한 토대를

108 1951년 12월 서한, 국사편찬위원회, 1988b.

제공할 수 있는 균형을 유지하게 될 것입니다.[109]

박진희는 한국전쟁 이후 한국의 대일정책이 한층 타협적인 형태로 변화하였다고 지적하면서, 이승만이 1951년 1월 26일 AP 특파원과의 회견에서 대일강화에 대한 미국의 정책에 지지를 보내면서 일본과의 과거사 청산 문제에 대해 관용적인 태도를 보인 것을 하나의 예로 들고 있다.[110] 그러나 위의 서한에서 나타나는 것처럼 이승만은 한편으로 반공을 위한 일본과의 협력의 중요성을 인정하면서도, 일본에 대한 위협 인식을 지속적으로 견지하고 있었던 것으로 보인다. 특히 한국이 배제된 샌프란시스코 강화조약의 논의가 진행되면서, 이승만의 이러한 우려는 더욱 강화되었을 수도 있을 것이다. 아래의 1951년 7월 18일 양유찬 대사의 성명은 이와 같은 점을 잘 보여 주고 있다.

> 언젠가는 일본에게 차려진 '애찬'이 '코브라를 달래려던 사람의 운명처럼' 미국에게 역으로 되돌려질 수도 있다.[111]

1953년 7월 11일자의 또 다른 서한에서 이승만은 "미국에 의한 일

109 1952년 12월 3일자 서한, 국사편찬위원회, 『대한민국사자료집 제31집: 이승만관련서한자료집 4, 1952』, 1988c.

110 박진희, 「전후 한일관계와 샌프란시스코 평화조약」, 『한국사연구』, 131, 2005, pp. 9-10. 김학재도 한국전쟁 발발 이후 이승만이 조약 체결 과정에 대해 긍정적인 태도를 표시하였으며, 체결 이후에야 제한된 문제에 대해 '뒤늦고 국한된 반응(late, ad hoc reaction)'을 보였다고 지적하였다. H. Kim, "The Birth of Liberal Peace Club in East Asia: San Francisco Peace Treaty(1951) and Korea," Paper presented at the conference, "Comparative Research on the Cold War in Europe and Asia," Seoul National University, 2014.

111 박진희, 2005, p. 20.

본 세력의 확장은 모든 동양인들에게는 일본 제국주의의 재등장에 대해 그들이 다시 한 번 저항하거나 아니면 희생을 당하게 되는 시간을 재촉하는 것으로 간주될 수밖에는 없다"고 말하면서 자신의 위협인식이 다른 아시아 국가들에 의해 공유되고 있다는 것을 강조하였다.[112] 아래의 한 일본 외교관과 국무부 한국담당자인 존스(Jones) 사이의 대화는 이승만의 인식과 한국 국민의 인식 사이의 유사성을 아울러 보여 주고 있다.[113]

> 다나카 씨는 일본에 대한 한국 국민의 일반적인 태도에 대한 평가에 대해 문의하면서, 일본에 대한 이승만 대통령의 태도가 전적으로 한국인들의 전형적인 인식인 것은 아닐 수도 있다는 점을 시사하였다. 존스 씨는 한국 국민들의 대부분이 이승만이나 한국 지도부의 일부가 그러한 것처럼 격렬한 반일감정을 갖고 있지는 않을 수도 있다고 느낀다고 대답하였다. 심지어 한국의 지도자들 사이에도 일본에 대한 반감에 차이가 있을 수 있으며, 일부는 다른 사람들보다 좀 더 현실적일 수도 있다는 것이었다. 그러나 존스 씨는 그가 아는 한에서는 모든 한국 사람들이 독립적이고자 한다는 것과 이승만에 의해 표현되는 일본에 대한 공포와 불신을 다양한 정도로 공유하고 있다고 강조하였다.[114]

112 국사편찬위원회, 1995, p. 410.

113 이승만 대통령의 복합적인 위협인식과 국내사회의 일본과 북한에 대한 위협인식 사이의 상호작용은 추가적인 연구의 대상이라고 할 것이다. 경우에 따라서 위에서 언급되었던 양면 안보 딜레마가 작동하면서 이승만의 일본에 대한 실용적인 접근이 제한되는 사례도 존재하였는데, 북송문제를 둘러싼 한일 갈등이 그 한 예라고 할 수 있다. 신욱희, 『순응과 저항을 넘어서: 이승만과 박정희의 대미정책』, 서울대학교출판문화원, 2010, 3장을 참조할 것.

114 국사편찬위원회, 1995, p. 491.

이 시기 동북아에서 위협의 전이는 한국전쟁이라는 사건과 그를 통한 행위 주체, 즉 정책결정자들에 의한 위협의 투사를 통해서 이루어졌으며,[115] 이는 샌프란시스코 강화조약을 통해 제도화되었다.[116] 그 결과 위에서 언급된 것과 같이 지역적 안정의 구조가 만들어지기보다는 남방삼각관계와 북방삼각관계의 냉전적 구도가 동북아시아에 형성되었던 것이다. 남방삼각관계인 한미일 안보체제 또한 내부적으로 협력적이지 않은 모습을 표출하게 되는데,[117] 이는 미국 정책결정자들과 이승만의 위협인식 차이에 그 뿌리를 두고 있었다. 즉 미국의 인식이 완전한 친구(friend)로서의 일본이라는 이미지로의 전이를 보여 주었던 반면, 이승만은 실용적인 태도를 보이면서도 잠재적인 적(enemy)으로서의 일본이라는 이미지를 계속 견지하고 있었기 때문이었다.[118]

남기정은 일본의 '기지국가'화와 한국의 '전장국가'화라는 용어를 사용하여 한국전쟁을 통해 동아시아에 냉전국가가 형성되는 과정을 설명하고 있다.[119] 하지만 이러한 과정이 단순히 미국의 동아시아 정책의

115 정책결정자 수준의 위협전이에 대한 이와 같은 고찰은 그것이 다른 국제적/국내적인 행위자/요인들과의 상호작용을 통해서 구체적으로 어떠한 결과를 만들어 나갔는가에 대한 다양한 분석을 통해 보완되어야 할 것이다. 이론적 부분에서 언급된 클로츠와 린치의 분석틀이 이러한 고찰에 유용할 것으로 보인다. Klotz & Lynch, 2007, ch. 4.

116 이는 오렌이 지적한 미국의 대일 위협인식의 유동적인 특성을 보여 주고 있다. Oren, 2003, p. 9. 이와 같은 미국의 인식은 냉전기에도 데탕트의 시기 미중교섭 당시의 소위 '병마개론'이나 냉전 말기 통상마찰에 의한 '일본과의 다가오는 전쟁'의 형태로 또 다른 전이가 이루어지게 된다.

117 한일회담을 둘러싼 1950년대 한미일 간의 갈등이 그 대표적인 예라고 할 수 있다.

118 이와 같은 위협인식의 복합성은 식민주의 역사에 대한 해석의 문제를 통해 현재까지도 동북아 안보의 불안정 요인으로 지속되고 있다고 할 것이다.

119 남기정, 「동아시아 냉전체제 하 냉전국가의 탄생과 변형: 휴전체제의 함의」, 『세계정치』, 26, 2, 2005.

결과물인 것은 아니며 일본, 좀 더 구체적으로는 요시다의 전략적 의도가 함께 반영된 것으로 보는 것이 보다 적절하다. 이종판의 작업은 한국전쟁 시기에 행사된 일본의 적극적인 개입의 모습을 보여 주고 있으며,[120] 이와 같은 일본의 주체성은 1950년대 말 기시 수상의 재임 시기에도 다시 등장하게 된다. 하토야마와 이시바시 내각의 자주외교 노력은 미국으로 하여금 자국의 대일정책을 재평가하게 만드는 역할을 하였다.[121] 로버트슨(Robertson) 극동담당차관보는 일본의 대소교섭과 중국과의 비공식적 결속 강화 등으로 인하여 일본의 중립주의적 경향이 현실화되면 미국의 안보에 큰 영향을 초래할 것이기 때문에, 상황을 악화시키기보다는 미일 간의 현안에 대해 주도권을 재조정하고 미국이 부분적으로 양보하는 것이 필요하다고 지적하였다.[122]

기시 내각에 와서 이러한 미국의 입장은 보다 정리된 모습을 보여 주게 되었다. 미국은 대일정책의 방향 수정을 논의하면서 안보조약 문제를 사정변경의 원칙(rebus sic stantibus)의 견지에서 취급하고 기존의 양자관계와 안보조약 개정을 위한 다양한 의견들을 검토하였다.[123] 여기

120 이종판, 「한국전쟁과 일본: 한국전쟁 당시 일본의 대응과 협력내용을 중심으로」, 『한일군사문화연구』 1, 2003. 그에 따르면 한국전쟁 이전에 맥아더는 오키나와를 요새로 하면 일본 본토에는 기지가 필요 없다고 생각하였다. 하지만 이 사고는 전쟁 이후 전환되었고, 이러한 과정에는 요시다의 전략적 판단이 중요한 역할을 했다는 것이다.

121 하토야마는 1955년 중국과의 민간무역협정을 체결하였으며, 소련과의 국교를 정상화하였다. 이시바시 역시 대미 일변도의 외교정책을 지양하려 하였다. 그에 반해 기시는 미국과의 안보조약 개정을 추진하고 미일경제 협력을 강조하였으며, 동남아 순방을 통해 일본의 이선 지위를 회복하려 하였다.

122 From Robertson to the Secretary, 611.94/1-757, Central Decimal File, National Archives. 신욱희, 「동아시아의 냉전: 형성, 결과, 유산」, 『국제문제연구』, 24, 2001/2002, p. 17에서 재인용.

123 안보조약 개정은 전후 미일 간의 첫 번째 주요 협상의 타결물이었다. 물

서 고려되는 주요한 요인은 미국과 중국 사이의 갈등에서의 일본의 상대적 위치 변화였다. 하지만 이와 같은 자신의 정책적 자율성 증대의 시기에서 기시는 그 여지를 지역적 긴장 완화와 공존의 가능성을 모색하기보다는 미일관계의 쌍무적 교섭을 통해 자신의 입지를 강화시키기 위해 사용하였다.[124] 특히 기시의 친대만, 반중국 정책의 궁극적인 선택과 이로 인한 중국의 대일 경제, 문화교류의 단절은 동아시아에서 양극체제를 공식화시키는 변수로 작용하였다.[125]

론 이는 미국의 지속적인 일본 주둔을 위한 재조정에 지나지 않는 것으로 간주되거나 '점령통치로부터 단지 미미한 수준의 진전(only a modest step from occupation)' 정도로 평가되기도 한다. I. M. Destler et al., *Managing an Alliance: The Politics of U.S.-Japanese Relations*, Brookings Institution, 1976, pp. 13-15. 하지만 다른 시각에서 보면 이 진전은 일본의 중요한 자율성 증대의 모습으로 이해할 수도 있다. 일본은 개정을 통해 미군의 작전계획, 핵탄두와 미사일을 포함한 장비설치, 육·해·공군의 군사적 배치에 관한 결정에서의 협의를 보장받았고, 내부 소요에 대한 미국의 개입 조항이 삭제됨으로써 최소한 내부적 안보에 대한 독립성을 확보하게 되었다. 신욱희, 2001/2002, p. 19.

124 기시는 미국과의 쌍무적 관계 재조정과 함께 아시아에서의 일본 역할 확대를 적극적으로 추진하려 했으며, 이는 서로 연관되어 있는 것이었다. 기시의 동남아 구상은 그 대표적인 예라고 할 수 있다. 기시는 맥아더 주일 대사에게 일본이 공동시장을 확보하고 있는 다른 서방국가들과 비교해서 그 인근에 안정된 해외시장을 갖고 있지 않으며 동남아 국가들은 자본과 기술부족으로 인한 경제적 저발전의 문제와 공산화의 위험성을 갖고 있다고 말하고, 일본과 동남아 국가들의 경제적 연계는 이러한 고민을 동시에 해결해 줄 수 있는 방법이라고 강조했다. 신욱희, 2001/2002, pp. 19-20.

125 한상일, 『일본 전후정치의 변동: 점령통치에서 새 체제의 모색까지』, 법문사, 1997, p. 108. 하지만 기시 정책의 결정적인 '의도하지 않은 결과'는 안보조약 개정에 따른 일본의 국내적인 반발이었다. 이는 당시의 근평정책과 경직법 파동과 맞물려 커다란 국내정치적 소요로 발전하였고, 안보소동에 따른 아이젠하워의 방일 취소는 이후 미일관계에 중요한 영향을 미치게 되었다. 이는 결국 기시의 사임과 헌법 개정의 좌절로 이어졌고, 이케다 이후 일본의 통상국가적인 성격을 규정하게 되었던 것이다.

냉전의 형성기에서 동북아는 분절과 대립의 특성을 노정하였으며, 한국전쟁 이후의 한중일 관계는 단위의 비정상성 아래서 소극적인 의미의 안정성을 유지하게 되었다. 즉 체제의 분절과 대립과 더불어 개별 단위 내의 분절과 대립, 혹은 불완전성이 만들어지게 되었고, 이는 양안관계, 분단체제, 기지/평화국가라는 형태로 나타났다. 따라서 식민주의 시기에서 A+B+C의 온전한 근대적 관계를 형성하는 것에 실패했던 것과 마찬가지로 냉전기에는 중국과 한국의 분절된 단위와 '비정상'국가로서의 일본 사이의 이합집산의 결과로 (A+B′ : 북한)+(A′ : 대만+B+C′)의 왜곡된 관계가 형성되었으며, 이러한 갈등적인 삼각관계의 구조에서 한국은 사실상 중추 이전에 온전한 주체로서의 역할을 행사하기 힘든 상황에 놓여 있었다고 할 수 있다.

제5장

탈냉전: 사각관계와 측면연계의 상호의존성

"아시아의 미래는 유럽의 과거다."라는 말은 냉전 이후 아시아 국제관계의 불안정성에 대한 예측을 단적으로 보여 주고 있다. 아시아 중에서도 동아시아, 좀 더 구체적으로 동북아시아에서는 프리드버그(Friedberg)의 '숙성된 경쟁 상태(ripe for rivalry)'라는 표현처럼 갈등의 양상이 두드러지며,[1] 이는 중일 간의 영토문제, 한일 간의 역사문제, 북핵문제 등의 형태로 나타나고 있다. '아시아의 세기'라고 불려지는 21세기에서 동아시아 국제관계는 단순히 지역적인 수준에 머물러 있는 것은 아니며, 중국의 부상과 이에 대한 미국의 대응이라는 양자관계의 역동성은 곧 세계정치의 체제적 전환의 측면을 대변하고 있다.

강(Kang)은 일반적으로 제기되는 중국의 부상에 대한 불안정성의 예측에 대해 역사적, 문화적 맥락에서의 동아시아의 특수성을 고려할 것을 주문하면서 상대적인 안정성의 주장을 제기한다.[2] 하지만 경제적

1 A. Friedberg, "Ripe for Rivalry: Prospect for Peace in Multipolar Asia," *International Security*, 18, 3, 1993/1994를 참조할 것. 하지만 21세기 초의 동북아와 1차 대전 이전의 유추(analogy)는 많은 문제점을 갖고 있다. 즉 시공간적 맥락의 차이와 함께 단위의 차이가 두드러지는 것으로 중국과 독일, 일본과 영국, 한반도와 프랑스는 큰 차별성을 갖는다고 하겠다.

2 D. Kang, *China Rising: Peace, Power, and Order in East Asia*, Columbia

인 부상에 더한 중국의 안보적 위상 강화와 미국의 아시아/태평양 중시 정책의 전개는 여전히 동아시아의 미래에 불확실성을 투사하고 있다.[3] 이와 같은 전환의 시기에서 '미국과 아시아의 사이에 위치한' 일본은 나름대로의 균형전략을 추구하기보다는,[4] 미국의 입장에 상대적으로 편승하는 경향을 보인다고 할 수 있다. 따라서 21세기 한중일 관계의 분석은 여전히 역외세력인 미국을 축으로 하는 미중, 미일관계와 역내의 핵심적인 양자관계인 중일관계의 고찰을 통해서 이루어지는 것이 필요하다.

위에서 이루어진 식민주의 시기의 영러관계, 냉전기의 미소관계라는 상위 양자관계의 영향 아래서 한중일 관계의 분석과 탈냉전기의 검토가 갖는 차별성은 이 시기의 상위 양자관계인 미중관계의 한 축을 형성하는 중국이 한중일 관계에서도 한 축을 차지하고 있다는 점이다. 따라서 이러한 특성은 탈냉전기 한중일 삼각관계의 고찰이 사실상 한미중일 사각관계의 분석이 되어야 한다는 것과, 보다 복잡한 측면연계, 즉 개별적인 양자관계와 각국의 전략의 전개가 갖는 상호의존성에 대한 고려가 병행되어야 한다는 사실을 말해 주고 있다.[5]

University Press, 2007. 하지만 전통질서와의 이와 같은 유추 역시 현재의 상황이 갖는 차별성의 고려와 함께 수행되어야 하는 것이다.

3 유상범, 「미국의 아시아태평양 중시정책의 내용과 함의: 미중대결 가능성과 일본의 책임전가 역할을 중심으로」, 『한일군사문화연구』, 18, 2014.

4 이와 같은 견해를 위해서는 M. Wan, *Japan between Asia and the West: Economic Power and Strategic Balance*, M. E. Sharpe, 2001, ch. 5를 볼 것.

5 신욱희, 「동아시아 전략환경의 변화와 한국: 양자와 다자의 상호작용」, 백창재 외, 『국제환경의 변화와 한국의 미래』, 서울대학교출판문화원, 2013a를 볼 것.

1. 미중관계의 역동성과 한미/한중관계

이미 언급된 바와 같이 미국과 중국 사이의 양자관계는 동아시아 전략 환경의 변수라기보다는 냉전기의 미소관계가 그랬던 것처럼 세계적 수준의 체제변수라고 해야 할 것이다. 이는 미국과 중국 사이에서의 세력전이가 일어나고 있는 현재의 상황에 있어서 그 중요성을 더하고 있다. 미국의 쇠퇴와 중국의 부상이 얼마나 객관적인 사실인가의 문제에 대해서는 다양한 주장과 논의가 존재한다. 하지만 냉전 말기 미국의 쇠퇴와 일본의 부상에 대한 논쟁에 비교해 본다면,[6] 이 사례의 경우 그 추세의 면에 있어서 좀 더 분명한 경향성을 보여 주었다.

표 1에 보면 미국의 국방비는 1989년 5,262억 7,100만 달러에서

표 1. 미국과 중국의 군사비 지출(1989-2010) (2009년 현재 기준 US 100만 $)

	1989	1994	1999	2004	2009	2010
USA	526,271	415,106	361,885	527,799	668,604	687,105
China	15,900	19,400	29,800	55,200	110,100	114,300

출처: SIPRI Military Expenditure Yearbook Database (http://milexdata.sipri.org/)
Figures except for the last figure, which is in US $m. at 2010 prices and exchange rates.

6 케네디(Kennedy)가 패권 이전에 대해 빗나간 예측을 했다면, 러셋(Russett)은 당시 제기되었던 미국쇠퇴론에 대해 의문을 표시한 바 있었다. P. Kennedy, *The Rise and Fall of the Great Powers: Economic Change and Military Conflict From 1500 to 2000*, Vintage Books, 1987과 B. Russett, "The Mysterious Case of Vanishing Hegemony: Or Is Mark Twain Really Dead?," *International Organization*, 39, 2, 1985를 볼 것. 러셋의 주장은 2015년 중국이 7%의 경제성장률 달성에 실패하면서 중국경제에 대한 여러 가지 비관론이 제기되고, 다른 한편으로 미국의 부활이 논의되고 있는 맥락에서 여전히 흥미롭다고 할 수 있다.

표 2. 미국과 중국의 GDP (단위: 100만 US $)

	1989	1994	1999	2004	2009
미국	5,439,600	7,030,500	9,301,000	11,812,300	14,119,000
중국	343,973	559,224	1,083,277	1,931,643	4,985,461

출처: World Bank Database (http://data.worldbank.org)

2010년 6,871억 500만 달러로 약 30% 증가한 것에 비해, 중국의 국방비는 1989년 159억 달러에서 2010년 1,143억 달러로 약 700% 증가하였다. 더욱이 미 국방부는 중국의 국방비가 이 자료의 수치보다 1.5배에서 2배 정도인 것으로 추정하고 있다.[7]

표 2에서 나타나는 국민총생산의 경우 미국은 1989년 5조 4,396억 달러에서 2009년 14조 1,190억 달러로 약 2.5배 증가한 것에 비해, 중국은 1989년 3,439억 7,300만 달러에서 2009년 4조 9,854억 6,100만 달러로 약 14배 증가한 것을 알 수 있다. 골드만 삭스는 2007년 보고서에서 2030년이 되면 중국이 미국의 GDP를 추월할 것으로 보았으나,[8] 2011년 IMF는 그 시기가 2016년으로 앞당겨질 것으로 예측한 바 있었다.[9] 따라서 최소한 경제력의 면에서 있어 중국과 미국 사이의 세력전이 양상은 가속화되고 있는 것으로 생각되었다.[10]

7 US Department of Defence, *Annual Report to Congress: Military Power of the People's Republic of China 2010*, 2010.

8 Goldman Sachs, "BRICs and beyond," 2007.

9 『매일경제』, 2011. 4. 27.

10 이러한 추세는 근래 중국의 '뉴노멀(신창타이, 新常態)' 추세로 인해 재고될 가능성도 있다. 또한 중국경제의 지속적인 성장 여부는 인플레이션, 빈부/도농격차, 환경악화 그리고 국내적 차원의 정치사회적 문제 등의 여러 요인을 고려해서 논의되어야 할 것으로 보인다. 하지만 세계적인 순환적 침체의 시기에서 여전히 아시아가 성장의 축이며, 중국이 그 핵심이라는 점은 크게 달

군사비나 국민총생산과 같은 경성권력의 변수와 함께 고려되어야 할 점은 연성권력의 측면이다. 권력을 구성하는 요소의 다양성에 대한 논의는 나이(Nye)와 같은 학자들에 의해 시작되어,[11] 관념을 중시하는 구성주의자들에 의해서 활성화되었다. 즉 단순한 물리적 능력의 분포에 의한 구조만이 아니라 관념적 구조, 그리고 그에 기반 한 제도가 수행하는 역할에 대한 검토가 요구된다는 것이다. 그러한 점에서 볼 때 2차 대전 후의 세계질서를 유지해 온 미국 중심의 관념과 제도, 즉 워싱턴 컨센서스(Washington consensus)가 여러 비판에 직면했다는 사실은 세력전이의 또 다른 단면을 보여 준다고 할 수 있다.[12] 이러한 양상은 특히 2008년 글로벌 금융위기의 영향에 의해 더욱 심화되었다.

물론 워싱턴 컨센서스를 대체할 베이징 컨센서스가 명확하게 존재하는 것은 아니다. 하지만 많은 전문가들은 중국이 주도하는 관념과 제도의 등장과 확산에 대해 조심스럽게 언급한 바 있다. 대표적인 인물인 홀퍼(Halper)는 다음과 같이 이야기하였다.

> 베이징의 전지구적 부상은 평화롭게 이루어질 수도 있으며, 이는 중국의 통상관계의 세계적인 확산과 함께 진행된다. 따라서 워싱턴과 브

라지지 않고 있다고 하겠다.

11 J. Nye, *Soft Power: The Means to Success in World Politics*, Public Affairs, 2004를 볼 것. 그런데 흥미로운 것은 나이가 다시 군사력의 중요성을 강조하기 시작했다는 점이다. 그는 다음과 같이 말하고 있다. "경제발전은 군사력에 달려 있다. 국력은 규범, 제도, 국제관계 등 소프트파워에서만 나오지 않는다. 오히려 군사력을 비롯한 하드파워가 국제정치 무대에서 큰 힘을 발휘한다. 정치적으로 안정된 나라일수록 군사력이 적법한 절차에 따라 사용되고 이를 바탕으로 내수시장을 활성화시킨다." 『매일경제』 2011. 7. 12.

12 N. Serra and J. Stiglitz, eds., *The Washington Consensus Reconsidered: Towards a New Global Governance*, Oxford University Press, 2008.

> 뤼셀은 그들이 상대적인 빈국과 맺은 조건적 관여를 통해 전통적으로 향유해 온 레버리지와 1989년 이후 '세계화'될 것으로 기대했던 시장-민주 모델의 두 핵심적 영역에서 그 토대를 상실하고 있다. 이와 같은 전개는 함께 연계되어서 내가 마땅한 용어가 없어 중국효과(China effect)라고 부르는 현상을 만들어 내게 된다. 이는 워싱턴 컨센서스가 개발도상국에서 성공을 거두지 못함에 따라 베이징이 단순히 비즈니스를 통해서 워싱턴과 서구의 레버리지와 자유주의적 의제를 잠식하게 되는 전지구적 경제관계의 네트워크를 구축한다는 것을 의미한다.[13]

홀퍼는 그 결과 중국이 선호하는 권위주의 모델, 즉 국가주도적 자본주의가 새로운 컨센서스로 등장할 가능성을 제시했던 것이다.[14]

이와 같은 세력 관계의 전환에 대한 예측보다 더욱 중요한 것은 그 과정에 있어서 두 세력 사이의 관계가 협력적일 것인가, 아니면 갈등적일 것인가에 대한 판단이라고 할 수 있다. 하지만 이 또한 서로 다른 입장이 대립하고 있는 문제 중의 하나다. 즉 한편에서는 미국과 중국이 전략적 동반자 혹은 이익상관자(stake-holder)인 것으로 파악하고 상대적으로 유화적인 관계를 전망하며, 다른 한편에서는 두 국가를 잠재적 적국 혹은 패권경쟁자로 인식하며 대립적인 관계를 전망하고 있는 것이다. 이러한 논쟁은 또 의제에 따라 그 답이 상이하기도 하는데, 예를 들자면

13 S. Halper, *The Beijing Consensus: How China's Authoritarian Model Will Dominate the Twenty-first Century*, Basic Books, 2010, pp. 38-39.

14 하지만 이전에 아시아 개도국의 성공신화의 기반이 되었던 유사한 강성국가 모델이 궁극적으로는 내재적인 문제를 드러냈다는 사실은 이와 같은 논의에 대한 좀 더 엄밀한 검토가 필요함을 보여 준다고 하겠다. 즉 작은 정부와 규제완화가 정답은 아니더라도 시민의식과 사회적 신뢰는 중요하다고 보아야 하는 것이다. 존 스터드웰 저, 김태훈 역, 『아시아의 힘』, 프롬북스, 2016을 참조할 것.

북핵문제에 있어서 양국은 상대적으로 협력적 관계를 유지해 왔고,[15] 양안관계에 있어서는 지속적으로 갈등적인 관계를 보여 준다고 할 수 있다.

위의 이론적 부분에서 언급되었던 로스는 세력균형론에 따른 상대적인 안정성을 예측하고 있는데, 그의 잠정적 결론은 아래와 같았다.

> 지리와 극성의 결합은 지역적 평화와 질서에 공헌하게 될 것이다. 하지만 그들 중 어느 하나, 혹은 둘 모두도 평화와 질서의 충분한 요인이 되지 않을 수 있다. 즉 국가의 정책들이 불안정할 수 있는 것이다. 미국이 지역의 세력균형에 지속적인 공헌을 유지할 것, 중국이 제한된 야심을 추구할 것, 또는 미국과 중국이 대만문제를 평화롭게 관리할 것이라는 어떠한 보장도 없다. 지리와 극성의 긍정적인 효과에도 불구하고 TMD와 같은 21세기형 무기체계가 안보 딜레마를 확대시키고 군비경쟁을 유발하며 양자적, 혹은 다자적인 긴장을 증대시킬 수 있는 것이다. 말할 수 있는 최선의 것은 구조와 지리는 정책결정자들에게 상대적으로 안정적이고 평화로운 질서, 그리고 그에 따른 강대국 협력의 기회의 가능성에 대한 더욱더 큰 확신을 제공한다는 점이다.[16]

그러나 중국의 부상에 따른 최근의 논의는 이와 같은 상대적 낙관론을 약화시키고 있다고 할 수 있다. 많은 학자들이 중국의 해양대국화에 의한 미중 간 갈등의 확대 가능성을 지적하는 것이다. 한국의 학자들

15 지속되는 북한의 핵/미사일 실험과 그에 따른 다자적 제재의 국면에서 미국과 중국은 의견 차이를 보여 주었던 것도 사실이다. 이 부분은 한국의 사드(THAAD) 배치 문제와 맞물리면서 좀 더 복잡한 양상으로 전개되었다.

16 Ross, 2009, pp. 68-69.

도 예외는 아닌데 한 예로 서정경은 중국의 해양대국화의 사례를 신현실주의와 신자유주의의 이론적 논의를 통해 각각 살펴보고 아래와 같은 결론을 내리고 있다.

> 국방현대화와 함께 적극 추진되고 있는 중국 해군력의 강화, 지정학적 요충지인 대만에 대한 방위능력 제고는 기존 동아시아 지역의 해양세력구조를 일정하게 동요시키는 것이며, 따라서 미국의 전통적인 해양패권에 대한 도전으로 해석되어질 수 있다. … 이에 대해 미국은 미일동맹을 통한 대만견제세력을 강화하고 냉전종식 이후 느슨해졌던 동남아 각국과의 군사협력관계를 재강화하고 있다. … (중국이) 평화발전론을 전파하고, 동남아 국가들 간의 영토문제를 위한 다자협의체에 적극 참여함으로써 중국위협론을 불식시키고 지역 리더로서의 이미지를 제고시키는 이면에는 전통적으로 자신의 세력권으로 여겨 왔던 동남아 지역에서의 우위를 확보하려는 전략적 의도가 자리하고 있는 것으로 보인다. 이에 대해 중국의 해양대국화를 자국에 대한 상당한 위협으로 간주하고 있는 미국은 동아시아 이니셔티브를 적극 제창하면서 자신의 전통적인 해양패권을 공고히 하려는 움직임이다. … 본 연구의 최종결론은 중화민족의 대부흥을 지향하는 중국이 해양대국화를 위한 해군력의 물리적 증강(하드파워)과 지역리더로서의 이미지(소프트파워)를 동시에 구축하고 있는데, 이는 탈냉전시기 미국의 동아시아 해양패권 유지라는 의도와 근원적으로 긴장관계를 빚고 있으며, 동아시아 지역을 둘러싼 미중관계의 요체는 '중국의 해양대국화 추진에 따른 미국의 적극적인 견제'에 있다는 것이다.[17]

17 서정경, 2010, pp. 109-110.

미중관계의 미래에 대한 예측은 협력과 갈등의 어느 극단이라기보다는 역동적인 관계로서 어느 한 쪽으로의 경향이 보인다거나 양자의 유형이 혼합되어 있다고 보는 것이 보다 적절할 수 있다. 탈냉전기 동아시아 국제관계에 대해 비관적인 입장을 견지해 온 프리드버그는 미중관계에 있어 협력을 유도하는 요인과 갈등을 유발하는 요인을 함께 지적하고 "실질적인 문제는 그러한 여러 메커니즘의 상대적 강도와 혼합된 영향에 관련된 것이다."라고 주장하였다.[18] 하지만 최근에 이르러 세력균형론보다는 세력전이론의 예측, 즉 양 국가의 세력이 비슷해질수록 갈등의 가능성이 커진다는 전망이 우세해지고 있는 면이 강하다.[19] 이러한 추세에서 일부 학자들은 2010년이 갖는 전환적 의미에 대한 논의를 제기하였다. 즉 이 해를 계기로 중국이 보다 '적극적인(assertive)' 대외정책을 전개하기 시작했으며, '도광양회'보다는 '유소작위'의 전략을 구사하고 있다는 것이다.[20] 2011년에 열린 제3차 미중전략경제대화도 미국은 중국의 인권문제를 집중적으로 거론하고, 중국은 미국의 채무한도 증액에 대해 언급하는 등 대립의 각을 노출하였다.

18 A. Friedberg, "The Future of U.S.-China Relations: Is Conflict Inevitable?," *International Security*, 30, 2, 2005, p. 39.

19 하지만 위에서 언급된 것처럼 중국이 현재의 질서에 대해서 불만족을 표시하고 새로운 질서를 모색하고 있는지의 여부는 여전히 논쟁적이다. 즉 중국은 AIIB나 '일대일로'와 같은 자기중심적 권역의 확대와 더불어 여전히 전지구적인 수준에서는 미 중심 질서에 대한 적응 내지 협력의 모습을 보이고 있는 것이 사실이다.

20 하지만 구성주의적 입장에서 중국문제를 연구하는 존스톤(Johnston)은 한 세미나에서 얼마나 적극적이어야 '적극적'이라고 할 수 있는가라는 의문을 제시하며, 중국은 주권과 영토문제에 관해서는 항상 적극적이었기 때문에 2010년이 특별한 의미를 갖는 것이 아니라고 지적하였다. A. Johnston, "Chinese Foreign Policy in 2010: How Assertive Is "Assertive"?," MacArthur Seminar, Seoul National University, 2011. 5. 26.

이러한 미중관계의 분석에서 중요한 의미를 갖는 또 하나의 요인은 인식의 문제다. 이미 미국과 중국은 한국전쟁에서의 군사적 충돌을 통하여 서로에 대한 오식의 결과를 경험한 바 있었다.[21] 하지만 인식과 오식의 변수는 중국위협론에 대한 논쟁을 통하여 재등장하였고,[22] 이는 중국이 과연 현상변경/공격적 현실주의 국가인가라는 문제를 통해서 정책적, 학문적 토의의 대상이 되었다.[23] 미중관계의 전환 과정에서 세력의 균형과 함께 위협의 균형이 중요한 요인이라고 한다면, 이는 미국과 중국이 서로의 의도에 대해 정확한 이해를 하고 있는가, 그리고 그에 따른 전략적 이익에 관한 간주관성을 확보해 나가는가의 여부가 협력과 갈등의 관건이 된다고 할 수 있는 것이다.[24]

이와 같은 미중 양자관계의 역동성은 한국에게 여러 형태의 과제를 부과하고 있다. 신성호는 미중관계에서 오는 한국의 안보 도전 요인을 다음과 같이 정리한다: 첫째, 한미동맹과 한중 전략적 협력동반자 사

21 미중 간의 오식과 그에 의한 억제의 실패 사례를 위해서는 C. Twomey, *The Military Lens: Doctrinal Difference and Deterrence Failure in Sino-American Relations*, Cornell University Press, 2010을 볼 것.

22 영국학자인 램프턴(Lampton)은 1998년의 논문에서 중국위협론에 대한 11가지 명제를 검토한 후 이에 대해 유보적인 입장을 표명하였다. D. Lampton, "China," *Foreign Policy*, 110, Spring, 1998. 2010년대 중반의 현실에 있어서 우리가 이 11가지 명제에 대해 어떠한 답을 줄 것인가를 비교해 보는 것도 흥미로울 것이다.

23 A. Johnston, "Is China a Status Quo Power?," *International Security*, 27, 4, 2003; H. Feng, "The Operational Code of Mao Zedong: Defensive or Offensive Realist?," *Security Studies*, 14, 4, 2005; Y. Wang, "Offensive Realism and the Rise of China," *Issues and Studies*, 40, 1, 2004를 참조할 것.

24 물론 이는 궁극적으로 보다 포괄적인 관념적, 역사적 간주관성의 문제와도 연결되어 있다고 할 수 있다. 콕스(Cox)는 이를 '초간주관성(supra-intersubjectivity)'이라고 부른다. R. Cox, "Multilateralism and World Order," *Review of International Studies*, 18, 1992를 볼 것.

이의 갈등; 둘째, 북한문제를 둘러싼 미중의 입장 차이; 셋째, 미중 간의 긴장과 경쟁이 제3자를 통해 나타나는 경우; 넷째, 중국의 부상으로 인한 강대국 세력전이가 한반도와 한국에 대해 가지는 장기적 도전. 그는 이와 같은 도전이 궁극적으로는 한국에게 양자 사이에서 선택을 강요당하는 상황을 가져올 수도 있다고 전망한다.[25] 여기서 제기되는 질문은 "미중관계의 역동성하에서 한국이 과연 '균형'을 취할 수 있을 것인가?"라는 것이고, 이에 대한 잠정적인 답은 "아마 힘들 것"이라는 것이다.

박근혜 정부는 경제와 북핵문제라는 두 요인에 대한 고려에 따라 적극적인 대중 우호정책을 전개해 왔다. 박 대통령은 2015년 중국의 전승절 행사에 참석하고 이후 9월 2일에 열린 정상회담에서 북한의 비핵화와 6자회담 재개에 대한 양국 간의 공감대를 확인하였다. 미국은 공식적인 차원에서 한중관계 개선의 노력에 대해 환영의 뜻을 표시하였지만, 워싱턴 일각에서는 이에 대한 비판적 여론도 대두되었다. 2015년 10월 26일 한미정상회담에서 미 정부는 한국의 모호성 전략을 염두에 두고 사안에 따라서는 한국이 중국에 대해 분명한 입장을 표시해 줄 것을 요구하였다.[26]

아직까지 전작권을 보유한 미국과 위계적 형태의 안보적 분업관계를 유지하고 있고, 미국의 핵우산 아래에 있는 한국의 입장에서는 중단기적으로 한중 간의 전략적 협력관계를 한미동맹보다 중시한다는 것은 가능하지 않으며, 이는 사드 배치나 남중국해의 예를 통해서 잘 드러나

25 신성호, 「미중관계에서 오는 한국의 안보 도전」, *IIRI Online Series*, No. 20, 2016. 1.

26 이는 월트가 지적한 대로 위협인식이 공유되지 않는 동맹은 쇠퇴하게 된다는 예가 될 수 있는 것이다. S. Walt, "Why Alliances Endure or Collapse," *Survival*, 39, 1, 1997.

고 있다.[27] 결국 북핵문제와 항행의 자유라는 보편적인 국제법 원칙과 연결되는 두 사례에 있어 한국은 미국의 입장에 가까워질 것으로 보이며,[28] 이는 안보적인 측면에서의 한미관계와 한중관계의 결합은 상대적일 수밖에 없다는 것을 나타내 준다고 하겠다.[29]

2. 미일관계의 연속성과 한일관계

냉전의 종언 이후 미일관계는 초기의 변화 과정을 거쳐 이제는 연속성의 측면을 보여 주고 있다고 할 수 있다. 냉전 후반기에 미국과 일본은 심각한 통상마찰을 경험하며, 심지어 미국 내에서 '임박한 일본과의 전쟁(coming war with Japan)'의 논의가 나올 정도의 긴장을 경험하기도 하였다.[30] 하지만 냉전의 종언 이후 두 나라는 양자적 동맹의 새로운 방식을 모색하였으며, 이는 공동안보선언과 방위협력지침 개정으로 구체화되었다. 이와 같이 국제체제의 전환기에서 두 나라 사이의 갈등이 협력으

27 그린(Green)은 한국이 인권, 영토 분쟁, 고고도 미사일방어 체계에 대해 미중 등거리 외교를 펼친다면 이는 역효과를 낳을 것이며 동아시아에서 불안정 요인으로 작용할 것이라고 지적하였다. 마이클 그린, "한국과 미중 충돌 시대의 개막", 『중앙일보』, 2015. 6. 19.

28 문정인은 사드 문제에 대해 한국이 배치 여부를 밝히고 중국의 이해를 구하는 편이 현명한 선택일 수 있다고 말했다. 문정인, "사드와 소국, 대국론", 『중앙일보』, 2014. 10. 20. 그린은 남중국해의 미중 대치는 개방적인 규칙기반(rule-based) 질서를 유지하는 문제라고 이야기하면서, 한국도 이해당사자라는 점을 강조하였다. 마이클 그린, "남중국해의 미중 대치 국면과 한국", 『중앙일보』, 2015. 11. 6.

29 이 글의 초고 집필 이후인 2016년 7월 한국은 사드 배치를 공식화하였다.

30 G. Friedman and M. Lebard, *The Coming War with Japan*, St. Martin's Press, 1991을 참조할 것.

로 전환된 사례는 이전 식민주의 시기와 냉전 시기의 동아시아에서도 관찰된다. 즉 세 시기의 초반기는 모두 미국의 동아시아 정책이 중국에 대한 기대에서 갈등으로, 그리고 일본에 대한 견제에서 협력으로의 변화되는 유사한 유형을 보여 주고 있는 것이다.[31]

물론 21세기의 미일동맹이 단순히 지역적인 차원에 머물러 있는 것은 아니다. 미국은 9·11 이후 세계안보적인 차원에서 군사적 변환을 모색해 왔으며, 이는 동아시아에서의 군사 재배치와 전략적 유연성의 모색으로 이어졌다. 이와 같은 미국의 전략에 가장 적극적으로 호응한 국가는 일본이었으며, 신방위대강이 그 하나의 예라고 할 수 있다. 박영준은 21세기 미일안보협력의 모색과 그 결과를 다음과 같이 설명하였다.

> 위협인식의 측면에서 미일 양국은 9·11 테러 이후 새롭게 변화된 국제 안보정세와 그 위협요인에 대한 인식의 측면에서 상당한 일치를 보이고 있다. 그리고 그러한 일치는 2005년 2월에 발표된 '공통전략목표'를 통해 명문화되었다. 공동의 군사적 대응태세를 보면 새롭게 부상되는 위협요소들에 대응한 일본 내 기지재편이 합의되었고, 육해공 각 군별로 주일미군과 자위대 간 연합작전 태세가 갖추어졌다. 미사일 방위체제 등 새로운 무기체계의 공동개발이 추진되고 있고, 유사시 양국군의 효과적인 역할분담과 전쟁 수행을 위한 연합작전계획 5055 등이

31 자세한 내용을 위해서는 신욱희, 「미국 동아시아 정책의 역사적 고찰: 식민주의, 냉전, 탈냉전」, 『미국학』, 22, 1999를 볼 것. 물론 미국의 정책결정자들이 식민주의와 냉전 시기의 경험과 그를 통한 학습에 의해서 탈냉전기/21세기에는 차별적인 대응을 하게 될 가능성을 부정할 수는 없는 것이다. 신욱희, 「21세기 미중일 관계의 전망: 역사적 유추의 두 관점」, 『국가전략』, 19, 4, 2013b를 참조할 것.

책정되었다. 나아가 자위대와 미군 간에 아프가니스탄과 이라크 등지로 활동범위를 확대해 가면서 국제질서를 공동 관리하는 협력실험이 진행되고 있다. 이 같은 점들을 고려한다면 미일동맹은 군사적으로 이전에 비해 현저한 실효성을 가진 동맹으로 강화, 혹은 '변혁'되고 있다고 할 수 있다.[32]

미일관계의 또 다른 특징은 그것이 갖는 관념적 측면에 대한 강조이다.[33] 즉 공동의 이익을 넘어서는 공동의 가치를 기반으로 하는 양자관계를 확립하고 그를 바탕으로 지역적, 세계적인 공동안보를 모색한다는 것이다. 이러한 점에서 미일동맹은 미영동맹과 같이 '특수한' 관계로 간주되기도 한다. 그러나 영국 학자인 휴즈(Hughes)는 일본을 '극동의 영국'이라고 하기에는 무리가 따른다고 지적하면서 다음과 같이 이야기하였다.

> 일본에게 있어 '테러와의 전쟁'은 미국의 반테러 의제와는 단지 부분적으로 연결되어 있는 자신의 군사안보정책의 장기적인 변화를 정당화하는 정치적 구실로서 기능한다. 대신 일본은 테러 위협의 명분을 북한과 중국으로부터의 지역적이고 전통적인 안보위협에 대한 대응 수단으로 사용하는 것에 좀 더 집중하면서, 이 두 가지를 '새로운 안보위협' 혹은 반테러전의 요소와 연결된 것으로 묘사하려고 한다.[34]

32 박영준, 「21세기 미일동맹의 변환과 일본 방위체제 변화」, 『국가전략』, 13, 2, 2007, p. 52.

33 M. Mochizuki and M. O'Hanlon, "A Liberal Vision for the US-Japan Alliance," *Survival*, 40, 2, 1998을 볼 것.

34 C. Hughes, "Not Quite the 'Great Britain of the Far East': Japan's Security, the US-Japan Alliance and the 'War on Terror' in East Asia," *Cambridge*

여기서 등장하는 쟁점은 이와 같은 미일동맹의 강화가 동아시아에서 새로운 안보 딜레마를 만들어 낸다는 점이다. 대표적인 사례가 바로 미국의 TMD 구상과 일본의 이에 대한 참여의 영향이다. 이 문제에 관한 미·일과 중국의 상호작용을 분석하면서 최종건과 박창건은 아래와 같이 주장하였다.

> 일본은 최첨단 TMD 관련기술을 미국으로부터 이전받고 미사일 방어를 체계적으로 구축해 나갔다. TMD의 도입 논의로 인해 중국과 일본 양국에 잠재해 있던 위협인식이 안보 딜레마로 촉발하는 계기가 되었고, 결국 도입 논의 자체가 양국 간 위협인식이 시작되는 발화점이 되었던 것이다. … 일본의 요격미사일 기술 향상은 중국의 우려를 자아내기에 충분했고, 이들의 반응 역시 적대적으로 표출되었다. 특히 미국의 MD 구상에 직접적으로 영향을 받는 중국은 불편한 심기를 드러냈다. 미국이 전 지구적인 MD 구상을 본격화하고 일본의 TMD 배치를 고려하던 도입 초기에는 미국의 전반적인 정책에 반대하는 모습을 보였고, 그중 하나가 MD였다. 하지만 일본에 TMD 배치가 확정되자 상황은 달라졌고, 중국의 반응은 보다 직접적이며 적극적으로 나타났다. 중국의 경우 일본의 TMD가 대만에 미치는 영향력을 생각할 때, 자국이 보유한 탄도미사일의 공격력이 상대적으로 약해질 것을 우려했다. 중국은 이를 극복하기 위해 탄도미사일의 능력향상에 주목했으며, 특히 사정거리 확장을 통해 근본적인 위협국가인 미국을 미사일 사거리 내에 포함시켰다. 이러한 미사일 개발을 위한 재정적 지원 역시 엄청난 액수로 증가했다. 결국 이러한 중국의 행위는 다시 일본에게 위협으로 인식되었다. 이러한 작용과 반작용의 과정이 중일 간 안보 딜레마를 심화시킨 요인이 되

Review of International Affairs, 20, 2, 2007, p. 325.

었던 것이다.[35]

이와 같은 딜레마의 핵심에는 여전히 상호신뢰의 부재와 그에 따르는 위협인식의 문제가 존재한다. 미중관계를 역사적으로 고찰하는 학자인 크리스텐센(Christensen)은 일찍이 중국의 일본에 대한 불신의 존재를 지적하면서 미국은 미일동맹 내에서 일본의 새로운 지역적 역할을 설정하는 데 있어 신중할 필요가 있음을 강조한 바 있었다.[36] 현재의 전략적, 관념적 구도에서 미국과 일본이 상대적으로 중국위협론을 공유하고 있는 것에 반해, 중국은 중국포위론의 입장에서 이를 해석하고 있는 것이다. 중국학자인 우(Wu)는 미일동맹에 대한 중국의 시각에 기반하여 아래와 같이 삼자협력의 가능성을 제시한다.

> '정상'국가가 되어 2차 대전의 공격자와 패전국의 그늘에서 벗어나고자 하는 일본의 열망은 이해할 수 있다. 그러나 일본의 '정상성'이 반드시 좀 더 강력한 군사력을 기르고, 좀 더 적극적인 군사적 태세를 취하면서 중국을 숙적으로 삼을 필요는 없다. 미국이 냉전기 이래 미일동맹에 대해 이 지역에서의 핵심적인 안보적 자산으로 중요성을 부여하는 것 또한 이해할 만하다. 하지만 튼튼한 미일동맹이 안정적인 미중일 관계를 해치는 것이 되어서는 곤란하다. 실제로 그 물리력과 영향력이 증

35 최종건·박창원, 「방패와 창의 안보딜레마: 일본의 TMD 구축과 중국의 대응 역학관계를 중심으로」, 『한국과 국제정치』, 26, 3, 2010, pp. 58-59. TMD와 중국의 핵억지 전략 사이의 상충관계를 보려면 S. Cambone, "The United States and Theatre Missile Defence in Northeast Asia," *Survival*, 39, 3, 1997을 참조할 것.

36 T. Christensen, "China, the U.S.-Japan Alliance, and the Security Dilemma in East Asia," *International Security*, 23, 4, 1999를 참조할 것.

대될수록 중국은 지역문제에서 좀 더 중요한 역할을 하게 될 것이다. 결국 베이징과 도쿄, 그리고 워싱턴 사이의 건전한 삼자관계가 지역의 평화와 번영에 가장 부합하는 것이다.[37]

하지만 역사적으로 볼 때 이와 같은 미중일 사이의 협력적 삼각관계의 구조는 존재한 적이 없으며, 현재에도 구축의 전망은 밝지 않다.[38] 그러한 과정에 있어서는 일본의 상대적 쇠퇴의 문제와 더불어 중일 간의 양자적 관계의 향방이 핵심적인 변수가 될 것으로 보인다.

최근의 미국의 '아시아로의 귀환(pivot to Asia)' 정책 또한 미일관계를 강화시키는 변수로 작용하였다.[39] 일본은 이를 적극적으로 환영하면서, 미국의 재균형(rebalancing) 전략이 미일동맹의 역동적인 강화를 위한 중요한 계기를 제공하는 것으로 간주하였다.[40] 여기서 쟁점이 되는 것은 역시 미국과 일본을 주축으로 하는 자유주의 동맹이 과연 동아시아의 장기적 평화를 보장하는 축이 될 수 있는가 하는 점일 것이다. 시앙

37 X. Wu, "The End of the Silver Lining: A Chinese View of the U.S.-Japanese Alliance," *The Washington Quarterly*, 29, 1, 2005, p. 129.

38 디트머가 이야기하는 전략적 삼각관계의 형성이 세 나라 간의 협력적 관계의 기반이 될 수도 있다. Dittmer, 1981. 하지만 미중일 관계를 전략적 삼각관계로 간주하기 어려운 것은 국력의 차이라기보다는 일본의 미국에 대한 의존성에 기인한다고 할 수 있을 것이다.

39 물론 미국은 "우리는 이해를 증진시키고 계산 착오를 피하기 위한 군사적 커뮤니케이션의 확대를 포함하여 북경과의 협력을 위한 더 많은 기회들을 추구할 것"이라고 말하면서 중국과의 협력을 아울러 강조하였다. B. Obama, "Remarks by President Obama to the Australian Parliament," *The White House Office of the Press Secretary*, November 17, 2011.

40 T. Satake and Y. Ishihara, "America's Rebalance to Asia and Its Implications for Japan-US-Australia Security Cooperation," *Asia-Pacific Review*, 19, 2, 2012를 볼 것.

(Xiang)은 이러한 미국의 전환을 NSC-68으로 상징되는 냉전 초기의 전환의 양상과 유사하다고 보고 있다. 또한 그러한 정책의 동반자들에 대해서도 아래와 같이 우려를 표시하였다.

> 미국의 '아시아로의 피봇'은 궁극적으로 그 동반자인 아시아-태평양의 '의지의 연합'에 의존한다. 이 연합은 사실상 분리되어 있고 취약하며, 자신의 국내정치에서 문제점에 직면한 국가들로 구성되어 있다.[41]

이러한 우려에도 불구하고 미일관계의 연속성은 더욱 강화되었고, TPP의 출범은 그 전형적인 예라고 할 수 있다. 이승주는 미국이 TPP를 통해 역내 무역에서 점증하는 중국의 영향력을 제도적으로 견제하려는 의도를 갖고 있다는 점에서 이를 전략적 관점에서 접근하고 있다고 지적한다. 그리고 새로운 지역질서 수립을 둘러싸고 중국과 경쟁하고 있던 일본은 이에 조응하여 미국과의 협력을 증대시키는 한편, 자신을 아시아/태평양 지역 경제권과 유기적으로 연계시키고 중국에 대한 경제적인 의존을 줄이려고 한다는 것이다.[42] 한편으로 아베 수상은 2015년 4월의 방미를 통해 미일방위협력지침 개정을 마무리하고, 일본의 집단적 자위권 행사를 가능케 하고, 긴급사태 시 미일군사협력을 일체화시켰다.[43]

이와 같은 미일관계의 연속성과는 반대로 탈냉전기의 한일관계는

41 L. Xiang, "China and the 'Pivot'," *Survival*, 54, 5, 2012, p. 119.

42 이승주, 「미중일 삼각 구도와 한국의 전략적 대응: 환태평양경제동반자협정(TPP)과 역내포괄적경제동반자협정(RCEP)의 사례를 중심으로」, 『미국학』, 36, 2, 2013, pp. 102-105.

43 또한 양국 간 해양안보 협력을 강조함으로써 남중국해 문제에 대한 공동 인식을 보여 주었다.

단절적인 양상을 보여 주었고, 그 핵심에는 위안부 문제로 상징되는 역사문제가 놓여 있었다. 박철희는 두 양자관계의 차별적인 전개가 한미관계에 미칠 수 있는 영향에 대해 다음과 같이 지적하고 있다.

> 미국은 한국과 일본이 안보문제를 중심으로 전략적으로 협력하길 바라고 있다. 아시아 재균형 정책과 아시아로의 회귀는 기본적으로 중국을 대상으로 한 것이기는 하지만, 아시아의 불안정 요인인 북한문제에 대한 한일 간의 적절한 연계와 제휴가 없으면 미국의 안보 부담이 커지는 것은 막을 수 없기 때문이다. 일본 내 일곱 개의 유엔사 기지를 활용하지 않고서는 한반도 유사사태에 대처할 수 없는 미국의 전략적 관점을 고려한다면, 한일 간 북한문제를 중심으로 한 안보협력의 유도는 현실적 긴박성이 있다.
>
> 하지만, 한일 간의 역사문제를 둘러싼 마찰이 해소되지 않으면서 사실상 안보협력의 진전이 가로막혀 있다. 한일 간 갈등이 과거사에 대한 집착으로 인한 것으로 비쳐진다면, 미국의 입장에서 보면 대화의 거부와 협력 아젠다 교착의 책임이 한국에 있다고 여겨질 수 있다. 이러한 인식이 역전되지 않는 한 한일관계의 악화가 궁극적으로 한미관계의 원만한 발전에도 부정적 영향을 줄 여지가 크다.[44]

여기에서 제기되는 질문은 "미일관계의 연속성하에서 한국은 방기 혹은 소외될 것인가?"라는 것이며, 이에 대한 잠정적인 답은 "희망적으로 보아 그렇지는 않을 것"이라는 것이다. 식민주의 시기의 가쓰

44 박철희, 「미일관계와 한일관계에서 오는 한국의 안보 도전」, *IIRI Online Series*, No. 22, 2016. 1., p. 7.

라-태프트 밀약, 냉전 초기 케넌의 일본 위주 전략,[45] 1950년대 말의 북송문제 등의 사례에서 나타났던 한국의 방기 내지는 소외의 양상은 현재 한미일 안보관계의 전략적, 제도적 상호의존성의 견지에서 볼 때 되풀이되기는 힘들 것으로 보이는 것이다. 하지만 위에서 지적된 바와 같이 한일 간의 역사문제 해결이 어려워지고 양국관계가 경색되면서,[46] 상대적으로 일본에 대해 우호적 인식을 가진 미국이 한국의 대중정책에 대한 오식을 갖게 될 경우 기존 동맹관계에 균열이 발생할 가능성은 있다고 할 수 있다.[47]

냉전기에도 한미일 관계 내에서의 한국의 위상은 차등적이고 가변적이었다. 그러한 점에서 미일정상회담 시 발표되었던 소위 '한국조항'의 내용은 미국과 일본의 대 한국인식의 변화를 보여 주는 중요한 지표였다고 할 수 있다. 한 예로 1969년 닉슨-사토 공동성명에서 "한국의 안보는 일본에게 긴요하다(essential)"고 지적된 반면, 1975년 포드-미키 공동성명에서는 "한반도의 안정은 일본에게 필요하다(necessary)"라고 언급되어 그 차이를 보여 주었다. 삼각안보체제 아래서 정치적, 경제적

45 이와 유사한 해양 위주의 전략이 채택될 경우 호주 혹은 필리핀이 한국을 대체하는 방식의 개연성이 고려될 수도 있지만, 현재 한미 군사협력의 상황으로 보아 이는 예상하기 힘든 것으로 여겨진다.

46 글로서만(Glosserman)과 스나이더(Snyder)는 미국이 먼저 원폭을 비롯한 자신의 역사적 책임을 인정하고, 이후 일본이 일련의 조치를 통해 역사문제를 풀고 한국이 이를 수용하는 3단계의 해법을 제시하고 있지만 그 실현 가능성은 낮은 것으로 생각된다. B. Glosserman and S. Snyder, *The Japan-South Korea Identity Clash: East Asian Security and the United States*, Columbia University Press, 2015.

47 "어느 지도자도 과거의 적을 비난함으로써 값싼 박수를 받는 것은 어렵지 않다. 그러나 그런 도발은 진전이 아니라 마비를 초래한다."라고 말한 2015년 2월 27일 미 국무부 셔먼 차관의 발언은 역사문제에 있어서 미국의 일본경사론의 한 예라고 할 것이다.

협력을 유지해 왔던 냉전기 한미일 관계, 즉 1965년 체제의 특성은 냉전의 종언 이후 한국의 민주화와 일본정치의 보수화를 거치면서 차츰 전환되어 왔다. 일본은 국제체제와 미 아시아 정책의 변화에 따라 대 한국정책을 변화시켜 왔지만, 한국은 상대적으로 독립적인 정책 대상으로 일본을 상정하였다. 악화되었던 한일관계는 2015년 11월 2일 한일정상회담에서 북핵문제에 대한 공동대응과 경제협력에 대한 원론적인 확인을 통해 부분적으로 복원되었고, 12월의 정부 간 합의로 위안부 문제가 최소한 정부 수준에서는 정리되었다고 할 수 있다. 그러나 이후 양국 내 사회적 수준에서의 반발이 다시 등장할 경우 이는 위에서 논의된 양면 안보 딜레마 상황으로 전개되어 양자관계에 영향을 미칠 수도 있는 것으로 보이는 것이다.[48]

한국조항의 경우처럼 아베 수상의 시정연설 시 한국 관련 발언의 변화도 일본의 대 한국인식의 추이를 보여 준다고 하겠다. 아베는 2014년에는 한국을 '기본적 가치와 이익을 공유하는 가장 중요한 이웃나라'라고 칭한 반면, 2015년에는 '가장 중요한 이웃나라'라고만 언급하였다. 하지만 2016년 연설에서는 "지난 해 말 위안부 문제의 최종적, 불가역적 해결을 확인하고, 오랜 현안에 종지부를 찍었다"고 강조하면서, 한국은 '전략적 이익을 공유하는 가장 중요한 이웃나라'라고 말했다.[49] 일본이 미국과의 관계를 관념동맹으로 강조하고, 대만의 국내정치와 양안관계의 변화에 따라 동아시아에서 정치적 가치의 문제가 다시 쟁

48 이는 정부 간 협상의 국내정치적 반향에 대한 신중한 사전적 고려의 필요성을 나타내 준다. 이러한 딜레마의 극복을 위해서 한국은 지역협력과 한미일 관계 유지를 위한 한일협력의 공공재적 성격을 감안해서 과거사와 현안, 장기와 단기를 분리 대응하는 양면전략을 고려하고, 대일관계의 지나친 정치화를 억제하는 것이 필요할 것으로 생각된다.

49 『중앙일보』, 2016. 1. 23.

점화되고 있다는 점에서 이와 같은 차이가 갖는 시사점을 생각해 볼 수 있을 것이다.

3. 중일관계의 모호성과 한국

중국과 일본은 냉전기 미소 간 이념적 대립 구도 속에서도 실리적인 관계를 유지하여 왔다. 즉 군사적, 정치적인 거리에도 불구하고 통상을 중심으로 한 경제적 연계는 지속되었던 것이다.[50] 냉전의 종언은 중일 양자관계에 있어서도 새로운 협력의 전기를 마련해 주는 것처럼 보였다. 1992년 일본 천황은 중국을 방문하여 중국에 대한 대규모 경제적 지원을 언급하였다. 하지만 위에서 언급된 바와 같이 탈냉전기 동아시아의 세력전이는 중국의 부상과 일본의 침체로 특징지어졌고, 미중 간의 변화보다 좀 더 명확하고 지역적 영향이 큰 요인으로 작용하였다.[51]

중국의 군사력 증강과 더불어 진행되는 급속한 경제적 성장은 일본으로 하여금 중국의 경제적 능력이 군사적 능력으로 전환할 가능성(fungibility)에 대한 우려를 증대시켰고, 이는 신현실주의에서 주장하는 상대적 이득(relative gain)의 차이에 대한 고려를 낳게 되어 두 나라 사이의 협력을 어렵게 만들게 되었다. 일본의 상대적 약화를 가져온 또 하나의 변수는 2011년의 지진과 쓰나미 사태였다. 이 사건은 지역경제에의 부정적인 영향과 함께 향후 약 10년 동안은 일본경제를 약화시키게 될

50 2차 대전 후 중일 간의 경제적 관계의 연속성과 확대의 측면을 위해서는 A. Iriye, *China and Japan in Global Setting*, Harvard University Press, 1992, part III를 볼 것.

51 중국은 2004년에 군사비 지출이 일본을 넘어섰으며, 2011년 국민총생산이 일본을 초과하여 세계 2위의 경제대국이 되었다.

것으로 예측되었으며,[52] 일본의 미국에 대한 의존도와 편승 가능성을 크게 만들 것으로 지적되었던 바 있다.

지역패권을 두고 경쟁해 온 중일 간의 세력전이는 연성권력의 측면에서도 나타나는데, 북핵문제나 경제위기의 대처에 있어서 중국이 상대적인 리더십을 발휘해 온 반면 일본은 그에 상응한 역할을 수행하지 못했던 것이 사실이다. 이근은 6자회담의 사례에 대한 분석을 통해 다음과 같이 주장하였다.

> 6자회담에서 일본의 연성권력 전략은 내가 '연성권력 딜레마'라고 부르는 결과를 초래하였다. 논의된 바와 같이 연성권력 딜레마는 국내적 청중에게는 어필하고 매력적으로 보이는 연성권력이 대외적으로는 위협적이고 부정적인 이미지를 창출하여 외부적인 안보환경을 악화시키는 상황을 지칭한다. 최근 일본의 보수주의적 전환은 일본 교과서 문제를 부각시키고, 정치인들을 야스쿠니 신사에 참배토록 하고, 중국에 대해 강한 입장을 취하면서 미국과의 협력을 밀접하게 하고, 일본 자위대의 국제적 역할을 확대시킴으로써 일본 대중에게는 어필하였을 수도 있다. 그러나 그와 같은 보수주의적 전환은 일본의 이웃, 특히 한국과 중국과의 관계를 불안정하게 만들었던 것이다. … 다른 한편으로 중국의 연성권력 전략은 내가 '연성권력 시너지'라고 부르는 결과를 가져왔다. 국제무대에서 중국의 증진된 위상과 국제사회—특히 미국—에 의한 책임 있는 이익공유자로의 중국에 대한 점진적인 인정은 중국의 안보환경을 개선시켰을 뿐만 아니라, (비록 그 관계에 대한 객관적인 여론조사는 존재하

52 World Bank, "The Recent Earthquake and Tsunami in Japan: Implications for East Asia," *East Asia and Pacific Economic Update*, vol. 1, 2011.

지 않지만) 중국 국민의 자긍심도 증대시켰다.[53]

중일관계를 부정적으로 보게 되는 다른 이유는 전통적인 상위정치의 문제, 즉 영토와 자원문제에 있어서의 양국 간의 갈등인데, 이는 동중국해와 희토류 사례에서 잘 드러난 바 있다.[54] 영토분쟁과 그에 따른 중일 간의 대립은 센카쿠열도/댜오위다오 문제에서 재등장하였다. 일본 정부가 센카쿠열도를 국유화하자 중국 정부는 댜오위다오를 영해기선으로 선포하고 해양감시선을 파견하였고, 이는 중국 내의 강력한 반일시위로 이어졌다.[55] 이는 미국의 개입과 연결되어 미중일 관계의 심각한 갈등으로 확산될 가능성도 있다고 볼 수 있다. 카토(Kato)는 센카쿠열도의 상당 부분이 미국의 군사적 통제하에 놓여 있다고 지적하면서, 이 문제에 대한 미국의 연관성을 강조한다.[56] 하지만 센카쿠열도가

53 G. Lee, "The Clash of Soft Powers between China and Japan: Synergy and Dilemma at the Six-Party Talks," *Asian Perspective*, 34, 2, 2010.

54 중일 간의 안보적 대립의 가능성에 대한 분석을 위해서는 박인휘, 「세계정치와 동북아 안보: 중일갈등을 통해 본 균형과 간극」, 『세계정치』, 5, 2006을 볼 것. 일본은 동중국해와 남중국해에서 중국과의 자원개발과 영토분쟁의 문제와 함께 자신의 해상교통로가 위협받을 것에 대해 우려하고 있다고 지적되었다. 남궁영·김원규, 「센카쿠제도를 둘러싼 중·일 간 분쟁의 함의: 공격적 현실주의적 접근」, 『세계지역연구논총』, 31, 1, 2013, p. 171. 스토리(Storey)도 지역 해로의 안전과 안보가 동남아에서 일본의 일차적인 안보 이익이라고 이야기한다. I. Storey, "Japan's Maritime Security Interests in Southeast Asia and the South China Sea Dispute," *Political Science*, 65, 2, 2013을 참조할 것.

55 김기주와 황명선은 '전쟁의 단계' 이론을 적용하여 이 분쟁을 분석하면서 이를 통해 양국 사이에 국지전이 발생할 수 있는 가능성이 존재한다고 평가하였다. 김기주·황명선, 「센카쿠(댜오위다오)열도 영토분쟁을 둘러싼 일·중 간 전쟁 발발 가능성 전망: 전쟁의 단계 이론 적용과 함의」, 『국제정치논총』, 53, 2, 2013을 볼 것.

56 A. Kato, "The United States: The Hidden Actor in the Senkaku Islands," *Asia*

미일안보조약의 적용 대상이기는 하지만 중일 간 영토분쟁에는 개입하지 않겠다는 것이 미 정부의 공식적인 입장이다.[57]

그런데 미일 혹은 미중관계에서보다 중일관계에서 더 중요한 비중을 차지하는 갈등의 근본 원인은 바로 역사, 정체성, 그리고 민족주의의 문제와 연결된 인식의 문제이며, 이는 위에서 제시된 위협전이와 양면안보 딜레마의 핵심적인 요인으로 작용하고 있다. 중일관계 전문가인 허(He)는 아래와 같이 지적한다.

> 점차적으로 자유화되고 있지만 종종 편견을 가진 중국의 미디어와 민족주의적인 준엘리트 계층, 그리고 정부의 방조는 양자적인 경제적 상호의존으로 경감될 수 없는 반일 민족주의를 강화시키게 된다. 양자관계에서 부정적인 역사적 유산을 제거하려면 두 나라는 초국가적인 역사가들의 대화에 있어서의 상호비판과 자기성찰을 통해 민족주의적 신화를 깨뜨리고 공유된 역사를 만들어 내려는 이상과 결단력을 필요로 한다.[58]

Pacific Bulletin, East-West Center, No. 205, 2013을 참조할 것.

57 이명찬, 「센카쿠제도를 둘러싼 중·일 간 갈등과 동북아」, 『국제정치논총』, 53, 1, 2013, p. 287. 이명찬은 이 문제가 기본적으로 동아시아의 세력전이 과정 속에서 일어나는 것으로 파악하면서도, 일정 부분은 중국과 일본의 국내정치적 요인이 작용하는 것으로 보았다. 박건영에 따르면 미국은 센카쿠제도를 둘러싼 중일갈등이 첨예화되면 불의의 사태가 초래될 수도 있다는 강한 위기감을 갖고 있었으며, 일본이 이를 국유화하자 리처드 아미티지, 조지프 나이 등이 일본과 중국을 비공식 방문하여 노다 총리와 리커창 당시 부총리와 회동하는 특사외교를 추진하였다고 한다. 박건영 교수와의 대담, 2016년 3월.

58 Y. He, "History, Chinese Nationalism and the Emerging Sino-Japanese Conflict," *Journal of Contemporary China*, 16, 2007, p. 1. 이와 같은 일본위협론도 중국위협론과 마찬가지로 표상과 사회적 정체성의 형성으로 이루어지

양자적인 역사분쟁의 빈번한 출현은 엘리트 사이의 상호위협인식을 악화시키고, 다른 국가에 대한 정부의 강경정책을 지지하는 대중들의 감정적 압력을 생성시킨다. 중일협력의 미래는 부정적인 역사적 유산을 해결하려는 두 나라의 노력에 의해 크게 좌우될 것이다.[59]

역사의 해석과 민족주의의 역할에 대해 미국, 중국, 일본은 서로 다른 견해를 갖고 있다. 예를 들어서 2차 대전이 진주만에서 시작되어 히로시마/나가사키로 끝났다고 보는 일본의 견해는 1931년의 만주사변을 2차 대전의 시작으로 보는 중국의 시각과 양립할 수 없는 것이다. 이러한 점에서 중일 간의 역사 해석과 그에 연관된 중국 민족주의의 논의에 대한 미국의 입장은 중요한 의미를 갖는다.[60] 최근 미국은 점차 우경화되는 일본 정부의 역사인식에 대해 어느 정도 우려의 입장을 표명해 온 바 있으며,[61] 이는 2013년 12월 아베 수상의 야스쿠니 신사 참배

는 안보화의 문제인 것이다.

59 Y. He, "Ripe for Cooperation or Rivalry? Commerce, Realpolitik, and War Memory in Contemporary Sino-Japanese Relations," *Asian Security*, 4, 2, 2008, p. 162. 과거사 문제는 비단 중일관계만이 아니라 한일관계와 한중관계에 있어서도 핵심적인 갈등요인으로 존재한다. 그러나 식민주의 시기에 대해 한국이 갖는 가해자로서 일본의 인식은 중국의 그것과 유사한데, 이는 이 시기 한반도에서 청일 간의 현실주의적인 각축에 대한 보다 적절한 이해를 통해 부분적으로 보완될 필요가 있다. 즉 청은 일본의 식민주의적 침탈의 일방적인 대상이었다기보다는 한반도를 둘러싼 근대적 경쟁에서 일본에게 패했다고 보는 것이 적절할 수도 있는 것이다.

60 신욱희, 「미중일 관계에 대한 이론적 검토: 통합적 이론으로서 위협균형/위협전이론」, 『아시아리뷰』, 2, 1, 2012, p. 20.

61 예를 들어 미 국무부의 젠 사키 대변인은 위안부 문제에 대한 하시모토 일본유신회 대표의 발언을 공식적으로 비판하였고(http://news.nate.com/view/20130517n09316), 미 의회조사국은 미일관계보고서에서 아베 총리의 역사인식이 미국의 국가이익을 해치고 있다고 지적하였다. 『조선일보』

이후 가장 강력하게 제시되었다.[62] 하지만 동아시아 근대사의 해석에 있어 가해자와 피해자 논의의 열쇠를 쥐고 있는 국가는 결국 일본이라고 할 수 있는데, 이는 태평양전쟁과 원폭 투하 문제에 대한 미일 사이의 인식 차이와 결부되어 다소 복잡한 양상을 띠고 있다. 이러한 복잡성은 주체로서 일본이 갖는 전략적 선택의 문제로 연결된다.[63] 손열은 일본이 미국의 상대적 쇠퇴, 중국의 부상, 그리고 일본경제의 쇠퇴라는 세 가지의 전략적 도전에 직면하여 미일동맹과 동아시아 공동체 사이의 재균형과 미일동맹 내에서의 재균형이라는 이중의 재균형 전략을 추진하고 있다고 해석하였다.[64] 하지만 아베 내각하의 일본은 여전히 후자의 재균형에 치중하는 것으로 생각된다.[65]

박영준은 중일관계가 현상유지 및 협력으로 가는 경우와 갈등과

2013. 5. 10. 또한 *New York Times*는 일본 정치인들의 야스쿠니 신사 참배를 보도하면서 일본이 중국과 한국의 적대감을 조성하고 있다고 비난하였다(http://new.nate.com/view/20130425n03654).

62 주일 미 대사관과 미 국무부는 '실망' 성명을 잇달아 발표하였고, *Foreign Policy* 지는 "아베가 미국의 따귀를 때렸다."라고 비판하였다. 『동아일보』, 2013. 12. 30.

63 일본의 역사인식과 국내정치의 보수화를 강조하는 중국과 한국의 학자들에 비해, 일본 학자들은 상대적으로 중일 간 갈등이 중국의 국내정치적 요인에 의해서 시작되거나 확대된다고 지적한다. 한 예로 H. Takeuchi, "Sino-Japanese Relations: Power, Interdependence, and Domestic Politics," *International Relations of the Asia-Pacific*, 14, 2014를 볼 것.

64 손열, 「동맹과 공동체 사이의 일본: 21세기 권력이동과 재균형의 모색」, 『일본연구논총』, 31, 2010을 참조할 것.

65 장(Zhang)은 일본의 양자/다자주의 정책을 검토하면서 일본이 냉전 이후의 새로운 도전에 대응하기 위한 새로운 틀을 만들어 내는 것에 실패하였고, 전반적으로 이전의 동맹관리 방식에 집착하고 있다고 지적하였다. Y. Zhang, "Multilateral Means for Bilateral Ends: Japan, Regionalism, and China-Japan-US Trilateral Dynamism," *The Pacific Review*, 2013 (Published online: 02 Aug 2013)을 볼 것.

대립 격화로 가는 경우의 두 시나리오를 제시하고, 상대적으로 두 번째 시나리오의 가능성에 무게를 두고 있다. 그는 두 번째 시나리오의 양상을 미국과 중국의 전략적 각축 격화, 일본 국가안보전략과 방위계획대강에서 중국 견제적 입장, 중국 국방백서와 국가안전법 등에서 미국 및 일본에 대한 대립적 자세, 중국과 일본 해상 및 항공전력 경쟁적 증강, 중국과 일본 사이버 전략 및 우주개발전략 대립 등으로 설명하면서, 문제는 이와 같은 시나리오의 전개가 한국의 국가이익과 안보에 부정적인 영향을 초래하게 될 수 있다는 점이라고 지적한다.[66]

이와 같은 맥락에서 제기되는 질문은 "중일관계의 모호성하에서 한국은 의미 있는 역할을 수행할 수 있는가"라는 것이며, 그에 대한 잠정적인 답은 "경우에 따라서 가능할 수도 있다"는 것이다. 상충적인 양자관계의 교차점에서 적절한 한중일 삼각관계의 구축을 위한 한국의 중추적 역할은 매우 긴요할 수 있다. 하지만 그 구체적인 내용과 방법의 모색은 매우 어려운 일이라고 생각되며, 우선 삼각관계 내에서 미국을 제외한 안보논의가 갖는 한계와, 북한문제의 지속이 가져오는 제약이 지적될 수 있을 것이다. 하지만 송백석은 동북아의 지역체제를 양극적 다극체제로 분석하고 한국이 자신의 역할을 동북아에서의 중재적인 것으로 한정할 경우 의미 있는 균형적 역할을 수행할 수 있을 것이라고 전망한 바 있다. 그는 이를 위한 실천적 정책방향으로 첫째, 미국과의 동맹유지라는 큰 틀을 손상시키지 않으면서 대외 자율성을 유지하고, 둘째, 지속적인 대북 포용정책을 유지하면서 북한과 신뢰를 쌓는 두 가지

66 박영준, 「중일관계에서 오는 한국의 안보 도전」, *IIRI Online Series*, No. 21, 2016. 1., p. 6. 박건영은 이와 더불어 미국의 재균형 정책이 일본의 지역적 의도와 맞물려 중국을 자극하게 될 가능성을 지적하고 있다. 박건영, 「오바마의 주판과 긴 파장?: 재균형과 한반도에 대한 함의」, 『한국과 국제정치』, 29, 3, 2013을 볼 것.

를 제시하였다.[67] 하지만 이명박 정부 이래 이 두 정책목표의 추진은 큰 성과를 보이지 못하고 있는 것으로 보인다. 그리고 한중일 관계 내에서 한국의 위치가 의미를 가지려면 한국은 중국, 일본과 모두 우호적인 관계를 갖는 것이 필요하지만, 현재의 한일관계는 협력과 갈등의 양상이 혼합되어 있는 것이 사실이다.[68] 또한 중일관계, 혹은 동북아 지역 내에서 한국의 역할 모색을 위한 노력은 단순한 양자관계의 조정을 넘어서는 삼자 혹은 다자주의의 추진을 포함하게 되며, 이를 위해서는 동아시아에서 진행되는 지역주의/다자주의의 논의가 함께 검토되어야 할 필요가 있는 것이다.

67 송백석, 「동북아체제구조 측면에서 본 한국의 '동북아 중재자' 역할」, 『한국과 국제정치』, 22, 2, 2006. 이러한 전제는 한중일 관계가 디트머가 이야기하는 '전략적 삼각관계'로 가기 위한 조건을 만들어 나가는 과정으로 이해할 수 있다.

68 한일관계가 답보상태에 있는 동안 오히려 중국과 일본은 통화 스와프를 포함한 경제협의체 구성에 합의하였다. 『조선일보』, 2016. 1. 27.

제6장

동아시아 다자주의의 세 유형

다자주의란 특정한 원칙에 의해 셋 이상의 국가관계를 규율하는 것을 지칭한다. 하지만 이러한 형식적인 정의를 넘어서는 하나의 'ism'으로서의 다자주의란 단순히 '다자적'이라는 형용사의 명사형 이상의 의미를 갖는다. 다자주의의 실현이란 불가분성, 일반화된 행위원칙, 포괄적 상호성의 속성이 세계적, 혹은 지역적으로 공유되고 제도화되어지는 것으로 지적되고 있다.[1] 역사사회학적으로 볼 때 다자주의란 '근대의 국제적 삶의 포괄적인 제도적 형태'인 것이며, 이는 서구 국제관계의 형성과 확산 과정의 가장 중요한 부분을 이루는 것이다.[2]

주지하는 것처럼 기본적으로 위계적, 쌍무적 특징을 가진 전통질서 내에서의 동아시아 국가들 간의 협력과 갈등의 양상은 서구 국제체제의 특성과는 크게 달랐다. 사대질서하에서 예의 규범과 조공체제의 규칙에 의해서 하부단위의 타율성이 공식화되는 대신 내치와 대외관계의 상대적 자율성이 보장되는 성격을 갖고 있었던 동아시아 전통체제

1 J. Caporaso, "International Relations Theory and Multilateralism: The Search for Foundation," *International Organization*, 46, 3, 1992, pp. 601-602.

2 J. Ruggie, "Multilateralism: The Anatomy of Institution," *International Organization*, 46, 3, 1992, p. 567.

의 성격은 주권과 국제법의 원칙에 의한 공식적 자율성의 인정하에서 실질적으로는 권력정치적 속성이 내재되어 있었던 서구 근대체제의 특성과는 큰 차이를 보여 주는 것이었다.

'근대적 삶의 하나의 형태'로서 국제관계 양식의 동아시아 적용의 시작은 이 지역 국가들의 소위 '개국' 이후의 시기부터라 할 것이다. 그러나 위에서 검토된 것처럼 중국을 비롯한 동아시아 국가들의 근대화/국제화 과정은 유럽의 경우와 같은 지역 내 국가들의 상호작용 결과였다기보다는 서구체제의 전파와 수용의 양상을 띠었고, 이는 처음에는 불평등조약의 체결, 그리고 이후에는 좀 더 직접적인 제국주의적 침탈의 과정을 거치게 되었다. 상대적으로 서세동점에 대한 대응에 성공적이었던 일본은 자신의 독특한 방식을 지역 내에서 추구함으로써 식민주의 시기 동아시아의 지역적 역동성을 다변화시켰다.

2차 대전 이후 이 지역은 다시 한 번 다자적 방식으로 협력의 틀을 구축하지 못하고 냉전이라는 새로운 국제체제의 구조적 영향의 대상이 되었다. 유럽이 NATO나 EC와 같은 다자적 방식으로 재편되었던 것에 반해, 동아시아는 미일동맹과 한미동맹과 같은 쌍무적 형태로 안정이 유지되었다. 동아시아 냉전체제가 가졌던 협력의 방식은 근대국가 간의 보편적 이익의 조절 과정이었다기보다는 이념적 요인에 의한 외부적 갈등의 존재와 그에 따른 내부적 응집이라는 모습을 띠고 있었으며, 이는 수평적이 아닌 위계적 방식으로 구축된 것이었다.[3]

3 한 예로 한미일 삼각관계도 세 나라 간 다자적 합의의 표출이었다기보다는 사실상 미국을 중심으로 한 쌍무적 관계의 집합이라는 성격이 강한 것으로, 1960년 중반의 한일 간의 쌍무적 관계의 정상화는 냉전기 미국의 전략적 의도와 밀접한 관련을 갖는 것이었다. 다자주의에 관한 동아시아의 차별성 이해를 위해서는 신욱희, 「다자주의의 동아시아 적용의 문제」, 『한국과 국제정치』, 13, 1, 1997을 볼 것.

냉전 이후 안보 논의가 다변화되면서 공동안보의 개념이 제시되고, 이는 근대국제체제의 무정부성에 상호의존성을 결합시킨 새로운 형태의 제도 형성으로 이어졌다. 부잔(Buzan)은 공동안보의 조건으로 국내적인 정치사회적 응집력을 가진 비공격적 국가의 존재, 문명적인 상호작용을 가능케 하는 국제사회적 요소, 그리고 상대적으로 다원화된 국제체제의 권력구조를 꼽았고,[4] 공동의 안보정책을 논의하게 된 EU의 존재는 이와 같은 조건을 충족시키는 제도적 유형으로 간주되었다. 그에 반해 동아시아는 '과거로의 복귀(back to the future)' 논쟁이 등장하면서 협력의 제한 요인으로서 국내정치적, 문화적 요인들이 지적되었다. 하지만 위에서 언급된 것처럼 동아시아의 현재는 이 지역이 겪은 '왜곡된 근대'의 경험에도 그 뿌리를 두고 있다고 보아야 할 것이다.

그러나 러기가 안정된 세력균형이 최고의 목표일 것이라고 이야기했던 동아시아에서도 탈냉전기에는 다자주의에 기반한 여러 지역적 제도 형성이 추진되고 있는 것이 사실이다. 하지만 펨펠(Pempel)은 동아시아 지역주의를 전략적 다자주의가 특징인 일종의 생태계로 규정하고 '제도적 진화론'에 따라 특정 기구의 성패가 결정될 것이라고 예상한다.[5] 그가 지적한 대로 동아시아는 지리적 경계에 따라 다층적인 다자의 모델이 존재하면서, 그 각각은 위에서 정리된 핵심적인 양자관계의

4 B. Buzan, "Is International Security Possible?" in K. Booth, ed., *New Thinking about Strategy and International Security*, HarperCollins, 1991, pp. 45-53.

5 T. J. Pempel, "Soft Balancing, Hedging, and Institutional Darwinism: The Economic-Security Nexus and East Asian Regionalism," *Journal of East Asian Studies*, 10, 2, 2010. 펨펠 역시 안보와 경제 분야에서의 제도적 협력 양상을 분리해서 설명하고 있다. 하지만 동아시아에서 안보적 다자주의의 미발전은 지역 내부의 문제와 함께, 냉전기에는 다자적 기제를 선호하지 않았고 냉전 이후에는 자신이 빠진 다자적 협의를 상대적으로 경계하는 미국의 정책에도 부분적으로 기인한다고 할 수 있을 것이다.

특성에 따라 좌우되고 있는 모습을 보여 주고 있다. 즉 동남아 중심의 ASEAN Way는 미중관계에, 광역 지역주의의 형태인 아시아/태평양 협력은 미일관계에, 그리고 소규모 지역주의인 한중일 삼자주의는 중일관계에 의해 크게 영향을 받는 것이다.

1. ASEAN Way

한 연구는 동아시아 지역주의의 특징을 중층성, 이중성, 지역성으로서의 안보와 경제, 그리고 상황적 지역주의라는 네 용어로 표현하였다. 이는 지역의 범위가 이슈와 상황에 따라 중층적으로 존재하며, 지역통합의 정도와 구성 국가들의 주권 강도에 있어 이중적이고, 경제적 요인에 의해 지역주의가 촉발되었으나 안보적 요인도 마찬가지로 중요하게 작용하고 있으며, 구성 국가들이 상황적 맥락에 따라 지역주의를 전략적으로 추진하고 있다는 것을 의미한다.[6] 이와 같은 동아시아의 복합적인 특성은 아래에서 논의되는 동아시아 다자주의의 세 유형의 동시다발적인 전개 과정에 있어 잘 드러나고 있다.

아차야(Acharya)와 존스톤은 지역적 제도의 비교 문제를 다루는 자신들의 저서에서 제도적 다자인을 "제도를 구성하면서 행위자의 선택이나 주체들이 상호작용하는 사회적 환경의 기초 중 어떤 것, 혹은 모두에 대한 제약으로 기능하는 공식적, 비공식적 규칙이나 조직적 특성"으로 정의하였다.[7] 그리고 이러한 제도적 디자인과 연관된 변수들로서 협

6 손열 편, 『동아시아의 지역주의: 지역의 인식, 구상, 전략』, 지식마당, 2006, pp. 22-27.

7 A. Acharya and A. Johnston, eds., *Crafting Cooperation: Regional International*

력문제의 성격, 행위자의 수, 이념과 정체성, 체제/하부체제적인 권력의 분포, 국내정치, 비지역적 제도와 비국가 행위자, 그리고 역사의 요인을 들고 있다.[8] 동아시아 다자주의의 제도적 디자인의 유형을 비교하는 데 있어서도 이와 같은 정의와 변수가 적용될 수 있을 것이다. 하지만 여기에서 특징적인 것은 위에서 언급된 것처럼 동아시아라는 동일한 지역을 포괄하는 서로 다른 지역적 경계의 다자주의의 형태가 존재한다는 점일 것이다. 여기서 다루는 첫 번째 유형은 동남아시아를 중심으로 하는 ASEAN Way의 사례다.

아차야는 ASEAN Way를 설명하면서 1. 무력의 불사용과 분쟁의 평화적 해결, 2. 지역적 자율성과 집합적 자기의존, 3. 국가의 국내문제에 대한 불간섭의 원칙, 4. ASEAN 군사협정의 배제와 쌍무적 방위협력의 선호의 네 가지를 그 특징으로 들고 있다.[9] 그는 싱가포르 외상의 말을 인용하여 ASEAN Way는 "비공식성, 조직적 최소주의, 포괄성, 합의와 평화적 해결에 이르는 심층적 논의"를 강조한다고 지적하고, 이와 같은 "합의적 접근"은 중재와 협의에 대한 공유된 약속에 의해 유도되는 비폭력적인 다자적 구도를 중시한다고 이야기한다.[10] 즉 빈번하게 언급된 것처럼 ASEAN의 사례는 EU와는 달리 주권의 원칙을 유지하면서 낮은 수준의 제도화를 지향하는 연성 다자주의(soft multilateralism)의 전형인 것이다.

아차야는 이 방식이 ASEAN 국가들이 갖는 규범과 정체성에 의해

Institutions in Comparative Perspective, Cambridge University Press, 2008, pp. 15-16.

8 Acharya and Johnston, 2008, pp. 16-26.

9 A. Acharya, *Constructing a Security Community in Southeast Asia: ASEAN and the Problem of Regional Order*, Routledge, 2000, pp. 47-48.

10 Acharya, 2000, p. 63, 70.

크게 규정되고 있다고 보면서, 이를 아시아/태평양의 안보 논의에 확대 적용할 경우 동남아시아 국가들의 규범이 확대된 지역에 적용될 수 있는가의 여부와 그런 경우 ASEAN 국가들이 추가적으로 갖게 되는 부담의 문제를 제기한다.[11] 또한 ASEAN에 +3(한, 중, 일), 그리고 태평양 국가들이 포함될 경우는 권력의 불균형과 패권적 대립의 요인이 규범과 제도의 변수와 연결될 수밖에 없는 것이다. 이와 같은 대표적인 사례가 ARF(ASEAN Regional Forum)라고 할 수 있다. 1994년에 출범한 ARF는 아시아/태평양의 핵심 국가들이 공통적인 안보 관심사를 논의하기 위해 회동하는 유일한 포럼의 형태이며, 전략적인 불확실성의 시기에 기존의 쌍무적인 안보동맹 관계를 보완하는 핵심적인 다자적 기능을 할 수 있을 것으로 기대되었다.[12] 하지만 근래의 지역안보 논의에 있어 ARF가 갖는 역할의 제한적 측면은 ASEAN Way의 가능성보다는 한계를 보여 주고 있다고 할 수 있다.[13]

동남아시아는 사실상 명확한 지역적 자율성을 보유했다기보다는 강대국들의 영향력이 교차한 곳이었으며, 냉전 이후에도 중국과 일본이 서로 자국 중심의 질서를 형성시키려는 노력을 하고 있는 지역이었다.[14] 동남아의 지역주의가 반식민주의적 요소를 갖고 있고, 부분

11 Acharya, 2000, pp. 166-177.

12 콩(Khong)과 네사두레(Nesadurai)는 자신들의 논문에서 멤버십, 리더십, 위임의 정도, 이념, 공식적인 규칙과 규범, 행위자의 독립성, 영역의 면에서 ARF의 특징을 설명하고 있다. Y. F. Khong and H. Nesadurai, "Hanging Together, Institutional Design, and Cooperation in Southeast Asia: AFTA and the ARF," in Acharya and Johnston, 2008을 볼 것.

13 ARF의 적실성과 한계에 대한 논의를 위해서는 D. Heller, "The Relevance of the ASEAN Regional Forum(ARF) for Regional Security in the Asia-Pacific," *Comtemporary Southeast Asia*, 27, 1, 2005를 참조할 것.

14 고(Goh)는 이러한 상황을 전방위 연계(omni-enmeshment)와 영향력의 복

적으로는 미국의 일방주의에 대한 저항의 측면으로 생성되었다는 점에서 본다면,[15] 두 나라 중에서 장기적으로 일본보다는 중국의 영향력이 확대될 가능성이 더 많을 것으로 생각될 수 있다.[16] 에반스(Evans)는 다자적 지역안보 협력에 있어서 중국의 활발한 참여를 중국이 단순하게 세계적인 규범을 수용하기보다는 국제안보의 규범을 적극적으로 '중국화(sinify)'해 나가면서 자신의 권역을 만들어 가는 과정으로 보았다.[17] 이러한 점에서는 중국이 개입하면서 명백하게 위계적으로 변모할

합적인 균형(complex balance of influence)이라는 용어로 표현한다. E. Goh, "Great Powers and Hierarchical Order in Southeast Asia: Analyzing Regional Security Strategies," *International Security*, 32, 3, 2007/2008. 중국과 일본의 동아시아 지역주의 전략을 위해서는 한석희·강택구, 「동아시아 공동체 형성과 중국의 인식: EAS에 대한 정책적 함의」, 『한국정치학회보』, 43, 1, 2009; 김기석, 「일본의 동아시아 지역주의 전략: ASEAN+3, EAS 그리고 동아시아 공동체」, 『국가전략』, 13, 1, 2007을 각각 참조할 것.

15 J. Ojendal, "Back to the Future? Regionalism in South-east Asia under Unilateral Pressure," *International Affairs*, 80, 3, 2004를 볼 것.

16 이는 국가별로 차이가 있으며, 남중국해 문제와 같은 현안에 의해 영향을 받을 수도 있다.

17 T. Evans, "The PRC's Relationship with the ASEAN Regional Forum: Realpolitik, Regime Theory or a Continuance of the Sinic Zone of Influence System?," *Modern Asian Studies*, 37, 3, 2003을 참조할 것. 저자는 중화권(the Sinic zone)을 중국이 그를 통해 세계와 자신의 세계적 지위, 그리고 어떻게 정치가 수행되어야 하는가를 조망해 왔고, 앞으로도 조망할 프리즘이라고 지적한다. Evans, 2003, p. 740. 중국의 다자주의 전략에 대한 다양한 분석을 위해서는 박병광, 「중국의 다자안보협력에 대한 이론과 실천」, 『2010 JPI 공동연구시리즈』, 제주평화연구원, 2010을 참조할 것. 위에서 언급된 것처럼 최근 중국의 자기중심적 권역의 확대는 SCO(Shanghai Cooperation Organization), AIIB, 그리고 RCEP(Regional Comprehensive Economic Partnership) 등의 다양한 형태로 이루어지고 있다. 하지만 이와 같은 시도가 지역적 패권을 넘어서 세계적 패권을 지향한다고 보기에는 아직 무리가 있는 것으로 보인다.

ASEAN Way를 일본 혹은 미국이 용인할 것인가가 문제가 되는 것이다.

최근 남중국해를 둘러싼 영토분쟁에서 일부 동남아 국가들이 미국과의 협력을 통해 중국을 견제하려 하고 미국이 East Asia Summit(EAS)에 가입함에 따라, ASEAN Way는 동남아 국가들의 균형(balanced), 혹은 양다리 걸치기(hedging) 전략의 무대가 되면서,[18] 중일 간의 패권경쟁에서 미중 간의 패권경쟁의 장으로 면모하고 있다는 느낌을 주고 있다. 즉 ASEAN은 아태지역 내의 미중 간 상호견제관계를 이용해 강대국이 지역안보를 주도하는 것을 방지하는 동시에 자신의 영향력을 높이면서 중추적 역할의 여지를 넓히려 하고,[19] 미국은 동남아에 대한 적극적인 관여 정책을 통해 경제적 이익의 증진과 중국에 대한 안보적 제어라는 두 목표를 실현하려 하는 것이다.[20] 따라서 ASEAN Way는 점점 더 미중 간 양자관계의 변화와 연동되어 진행될 것으로 보인다.[21]

18 J. Ruland, "South Asian Regionalism and Global Governance: "Multilateral Utility" or "Hedging Utility"?," *Contemporary Southeast Asia*, 33, 1, 2011을 볼 것.

19 김예경, 「중미 간의 세력경쟁과 아세안의 균형전략(balanced strategy): 약소국의 중추적 역할(pivotal role) 찾기」, 『한국정치학회보』, 42, 1, 2008, p. 323. 이와 같은 아세안의 균형전략은 중일 간에도 적용되고 있다고 볼 수 있기 때문에 한중일 삼각관계에 있어서 한국의 역할 모색에 있어 그 의미를 갖는다고 하겠다.

20 미 동남아 정책과 미중관계 연관성에 대한 분석을 위해서는 백창재, 「미중관계와 미국의 동남아 정책」, 서울대학교 아시아연구소 편, 『동남아지역에서의 미중관계의 현황과 전망, 그리고 한국의 대응전략』, 2011을 참조할 것.

21 이와 같은 패권경쟁의 양상과 더불어 ASEAN은 2015년 12월 31일 아세안경제공동체(ASEAN Economic Community)를 출범시켜 경제통합의 면에서는 제도화의 수준을 향상시켰다. 하지만 아세안경제공동체위원회(ASEAM Economic Community Council)에 의한 의사 결정은 규칙기반의 EU와는 여전히 다른 양상을 보이고 있다.

2. 아시아/태평양 협력

현실적으로 권력 분포의 불균형이 현저하고 정치적, 군사적 신뢰가 충분하지 않은 동아시아 국가 간의 지역협력의 한계를 보완하기 위해서 고려되었던 것이 아시아/태평양의 광역 다자주의의 형태였다. 즉 다자적 협력의 대상을 확대함으로써 동아시아 지역에서 패권적 성격의 대두를 견제하고 포괄적인 규칙의 제정을 용이하게 하며 다른 지역 국가의 협력 경험을 학습할 수 있는 효과를 예상했던 것이며, 열린 지역주의를 표방했던 APEC의 추진이 그 대표적인 예라고 할 수 있다. 하지만 동아시아에서 기능주의와 제도주의의 효율성을 보여 줄 수 있는 사례로 간주되었던 APEC은 기대와는 달리 구체적인 성과를 보여 주지 못하였다.[22]

광역 다자주의 협력체로서 APEC이 갖는 두 가지 한계는 '정체성'의 문제와 '신뢰성'의 문제라고 할 수 있다.[23] 다양한 정치적, 경제적, 문화적 배경을 가진 국가들을 포괄하는 APEC이 갖는 정체성의 문제는 출발부터 잠재되어 있었다고 할 수 있다.[24] 이러한 문제는 역내 자유화

22 화인버그(Feinberg)는 APEC의 20년 역사를 고찰하면서 이 기구가 가치와 정보의 인지적 전파, 경제통합을 촉진하는 정책혁신, 그리고 시행착오적 학습과 지구적 충격에 대한 정책적 대응 등의 측면에서 어느 정도의 성과를 거둔 것으로 평가한다. R. Feinberg, "Voluntary Multilateralism and Institutional Modification: The First Two Decades of Asia Pacific Economic Cooperation (APEC)," *The Review of International Organization*, 3, 3, 2007.

23 S. Park and J. Lee, "APEC at a Crossroads: Challenges and Opportunities," *Asian Perspective*, 33, 2, 2009, pp. 105-107.

24 딜릭(Dirlik)의 주장대로 아시아/태평양이라는 개념은 만들어진 것이며 정치적 함의를 갖고 있다. 그는 무엇이 태평양인가라는 질문은 누구의 태평양인가라는 질문과 분리될 수 없다고 말한다. 그의 논의에 따르면 하나의 지역으로서의 태평양은 기본적으로 구미의 창안물이며, 태평양권의 통합이라는

과정의 차질과 더불어 표면화되었고,[25] 1997년 아시아 외환위기 이후 APEC에 대한 신뢰성의 문제가 제기됨에 따라 더욱 악화되었다. 특히 금융위기 당시의 APEC의 역할 부재는 많은 국가들이 동아시아 중심의 지역주의를 강조하도록 만드는 결과를 가져왔다.[26] 아시아/태평양 협력을 연구하는 호주 학자인 레이븐힐(Ravenhill)은 다음과 같이 지적한다.

> (동아시아 국가들이 가졌던) 1990년대의 주요한 생각은 국제체제의 다른 지역에서의 (제도적) 발전에 대한 우려, 그리고 1997-1998년에 동아시아 경제가 직면했던 문제에 대한 미국의 무관심과 동아시아에 국한된 제도 형성에 대한 좀 더 일반적인 서구의 반대, 양자를 향한 분노였다고 할 것이다.[27]

발상은 이 지역의 약소국들에게는 태평양권을 통제하려는 강대국들의 시도로 여겨진다는 것이다. 아리프 딜릭 저, 김영희 역, 「아시아, 태평양이라는 개념: 지역구조 창설에 있어서 현실과 표상의 문제」, 『창작과비평』, 73, 1993, pp. 309-310.

25 APEC은 1994년 보고르 선언을 통해 2010년의 선진국, 2020년 개발도상국의 2단계 조치를 통해 자발적이며 합의에 기반한 WTO 수준 이상의 무역 자유화를 달성할 것을 천명한 바 있다. 2010년 11월 요코하마 정상회의는 '무역장벽 없는 공동체 지향'의 '요코하마 비전'을 선택하고 도하개발 어젠다(DDA) 협상의 진전을 지지한다고 밝혔지만, 보고르 선언의 구체적인 실현은 이루어지지 않고 있다고 할 수 있다.

26 이 과정에서도 중국은 상대적으로 무역자유화를, 그리고 일본은 금융협력을 강조하는 차이를 보여 주었다고 지적되었다. 김영철·박창건, 「외환위기 이후 동아시아 지역주의: 한·중·일 3국을 중심으로」, 『한국과 국제정치』, 21, 3, 2005를 볼 것.

27 J. Ravenhill, "East Asian Regionalism: Much Ado about Nothing?," *Review of International Studies*, 35, 2009, p. 235.

다자주의 포럼인 APEC은 2000년대에는 오히려 역설적으로 쌍무적인 자유무역협정이 체결되는 간접적인 장을 제공하였다. 일부 학자들은 APEC이 교착상태를 벗어나 광역자유무역지대를 구축할 수 있는, 아니면 OECD 식의 제도 혹은 지역 안보협력체로 변모할 수 있는 가능성을 탐색하고 있다.[28] 하나의 예로 유현석은 미국이 통상문제를 안보문제에 연결시키거나 아니면 인간안보의 개념을 포괄함에 의해서 자신의 전략적 의도와 관념을 아시아/태평양 지역국가에 효과적으로 부과하고, 그 결과 APEC이 안보협력체로 기능적 확대를 해 나가게 되는 과정을 검토한다.[29] 하지만 이러한 안보적, 규범적 요소의 연계는 다른 한편으로 기존의 경제협력의 가능성조차도 축소시킬 수 있는 가능성 또한 존재한다는 점이 고려되어야 한다.

이와 연관된 아시아/태평양 협력에 관한 정치적 쟁점은 미일, 혹은 한미일이 중심이 되는 동심원적 다자주의의 주장이다. 나우(Nau)는 중국의 부상과 민주국가들 간의 안보공동체 형성의 필요성 등장이라는 동아시아에서의 구조적 변화를 수용할 수 있는 새로운 전략이 미국에게 요구되며, 이는 국내적인 정체성에 있어 좀 더 커다란 유사성을 공유한 핵심국가들에서부터 시작되어 상이한 정치문화 사이에서 안정된 세

28 Park and Lee, 2009를 볼 것. 하지만 저자들은 아시아/태평양 광역무역지대(Free Trade Area of the Asia-Pacific) 안이 장기적으로 검토되고 있고 OECD 모델이나 안보협력체 안의 고려도 중기적으로 유용할 것이나, 가장 가능성 있는 단기적 시나리오는 현 상태의 유지일 것으로 예측하였다. Park and Lee, 2009, pp. 120-122.

29 H. Yu, "Explaining the Functional Expansion of a Regional Organization: The Case of Security Cooperation within APEC," *Pacific Focus*, 23, 3, 2008. 저자는 이러한 전환이 9·11과 그에 이은 반테러전의 수행에 의해 촉발되었다고 해석하면서 2003년 방콕 회의를 통해 인간안보의 개념이 도입되고 안보협력의 제도화가 이루어졌다고 설명하고 있다.

력의 균형을 이룰 수 있는 형태가 되어야 한다고 주장한다. 그에 따르면 이러한 다자주의 전략은 첫 번째로 미국, 일본, 한국, 그리고 호주, 뉴질랜드, 그리고 두 번째로 인도와 동남아시아 국가들, 그리고 마지막으로 중국의 순서로 안보관계를 다자화하는 동심원적인 성격을 갖는다.[30]

비슷한 맥락에서 펨펠은 지정학적인 전환, 사적인 자본흐름의 역할 증대, 그리고 다자적 기구의 수와 중요성의 증대를 아시아/태평양 지역 변화의 세 동력으로 파악하고, 기존 미국의 아태전략 근간이었던 미일동맹을 쌍무주의를 넘어서는 형태로, 즉 다자주의의 축으로 전환시켜야 한다고 지적하고 있다.[31] 즉 민주적이거나 정부 간 관계의 영역을 벗어나는 다양한 의제를 관리하기 위해서는 미일 간의 쌍무적 관계의 목표와 성격이 좀 더 포괄적인 것으로 변모해야 한다는 것이다.[32] 하지만 외환위기에 이어서 2008년의 금융위기 이후 미국의 영향력이나 자유화의 결과에 대해 또다시 부정적인 입장을 표시하고 있는 동아시아 국가들 사이에서 이와 같은 민주평화론에 입각한 다자주의 모델이

30 H. Nau, *At Home Abroad: Identity and Power in American Foreign Policy*, Cornell University Press, 2002, ch. 6.

31 스즈키(Suzuki)는 미일동맹을 조율하는 핵심 요소를 공동의 위협인식, 공유된 민주적 가치, 그리고 국제규범의 세 가지로 간주한다. M. Suzuki, "The Politics of Coordination and Miscoordination in the Post-Cold War United States-Japan Alliance: From a Japanese Perspective," *International Relations of the Asia-Pacific*, 10, 2010을 볼 것. 조혜란과 모종린은 한미일 삼자주의를 다루면서 삼자적인 협력구도가 동아시아에서의 안보, 경제, 그리고 인권협력의 세 분야에서 시너지 효과를 거둘 수 있다고 지적하였다. H. Jo and J. Mo, "Does the United States Need a New East Asian Anchor?: A Case for US-Japan-Korea Trilateralism," *Asia Policy*, 9, 2010을 참조할 것. 하지만 이러한 모든 의제에 대한 다자주의적 협력에 중국(혹은 북한)이 참여하기에는 한계가 있는 것이다.

32 E. Krause and T. J. Pempel, eds., *Beyond Bilateralism: US-Japan Relations in the New Asia-Pacific*, Stanford University Press, 2004, ch. 1.

얼마나 설득력을 가질 수 있는지는 확실하지 않다. 또한 미일 중심의 구도로의 재편이 중국의 지역 내지는 세계전략과 장기적으로 양립할 수 있는가의 문제도 제기될 수 있다. 미국의 아시아 재균형정책의 일환으로 2015년 10월 6일 타결된 미국, 일본, 캐나다, 호주 등 태평양 연안의 12개국이 참여하는 광역 자유무역협정인 TPP도 APEC과 유사한 특성과 한계를 갖고 있으며,[33] 이는 RCEP를 주도하려 하는 중국과 아시아에서 일종의 규칙 제정 경쟁(rule-making competition)을 양상을 보여 주고 있는 것이다.

박재적은 미국과 그 동맹국이 동아시아에 갖고 있는 양자관계를 hub-and-spoke의 구조로 표현하면서, 이는 잠재적인 위협에 대항하는 것과 동시에 바람직하지 못한 다자주의적 안보질서에 대한 대응 수단으로써 사용된다고 본다.[34] 허(He)와 펑(Feng)은 "왜 아시아에는 NATO가 존재하지 않는가?"라는 질문을 전망이론을 사용해서 재검토하면서, 높은 위협의 지역에서는 다자주의 전략이, 낮은 위협의 지역에서는 양자주의 전략이 채택된다고 분석하였다.[35] 이와 같은 연구에 따르면 21

33 TPP는 각국 정상의 서명과 2016년 상반기 의회 비준 절차가 남아 있다. 협상 타결 전 참여하지 못한 한국 정부는 어떤 형태로든 참여하는 방향으로 검토할 것이라는 태도를 밝히고 있으며, 중국의 참여 여부는 아직 결정되지 않았다.

34 J. Park, "The US-led Alliances in the Asia-Pacific: Hedge against Potential Threat or an Undesirable Multilateral Security Order?" *The Pacific Review*, 24, 2, 2011을 볼 것.

35 K. He and H. Feng, "'Why Is There No NATO in Asia?' Revisited: Prospect Theory, Balance of Threat, and US Alliance Strategies," *European Journal of International Relations*, January 2011을 참조할 것. 이 질문은 원래 C. Hemmer and P. Katzenstein, "Why Is There No NATO in Asia: Collective Identity, Regionalism, and the Origins of Multilateralism," *International Organization*, 56, 3, 2002를 통해 제기되었다.

세기 동아시아에서 미국과 그 동맹국들이 중국으로부터의 위협을 어떻게 인식하는가에 따라 그들의 다자주의 전략의 방식과 강도가 결정될 것이라고 볼 수 있다. 하지만 여기서의 위험성은 중국위협의 논의가 어떠한 면에서는 자기충족적인(self-fulfilling) 예언이 될 수 있다는 점일 것이다.

3. 한중일 삼자주의

이 부분에서 검토될 동아시아 다자주의의 세 번째 제도적 디자인은 동북아시아의 세 나라, 즉 한국, 중국, 일본을 구성원으로 하는 삼자주의(trilateralism)의 형태다. 물론 이 자체가 디트머가 이야기하는 전략적 삼각관계의 속성을 갖거나 이 지역 다자주의의 완결된 모델이 될 수는 없을 것이며, 나름대로의 자율성을 가지면서 지역의 다자적 협력의 허브로 기능하는 것을 상정해 볼 수 있을 것이다. 삼국 간 협력논의의 원형은 안중근의 동양평화론에서 찾아질 수 있다.[36] 옥중에서 집필한 동양평화론에서 안중근은 여순을 중립화하여 한국, 중국, 일본 3국이 운영하는 동양평화회의의 본부를 설치할 것을 제안하였고, 평화지역의 창설, 공동개발은행의 설립, 공동화폐 발행 등의 구체적인 안을 제시하였다. 이는 한국, 중국, 일본 3국이 각각 독립을 유지하면서 서로 협력해서 서세동점에 대응할 것을 기본적인 주장으로 하고 있다.[37]

36 이는 근대 한국이 모색했던 동맹론, 균세론, 중립론, 연대론, 정립론의 다양한 방향 중에서 연대 내지는 정립의 입장에 해당한다. 이와 같은 논의의 내용을 위해서는 손열, 2006, 제2장을 참조할 것.

37 강동국은 동양평화론이 민족주의와 지역주의를 결합하여 제국주의에 대항한 사상이었다는 점에서 독보적인 역사적 의의를 가지나, 제국에 의해 왜곡

이와 같은 삼자주의의 현대적인 형태는 한중일 정상회의라 할 수 있을 것이다. 삼국은 1999년 이후 매년 ASEAN+3에서 3국 정상회의를 개최하였으며, 2008년부터는 ASEAN+3와 별도로 이를 정례화하여 독자적인 포럼으로 발전시켰다. 2008년에는 후쿠오카에서, 2009년에는 북경에서 회의가 개최되었고, 2010년에는 한국에서 3차 정상회의가 열렸다. 내용 면에서는 초기에는 경제교류, 인적 교류, 문화교류, 대 ASEAN 협력 등의 문제가 중심이 되었으나, 점차적으로 비전통적 안보의 문제(재난관리, 해양구조)와 주요한 지역 및 국제문제(북핵문제, 기후변화) 등으로 그 범위가 확대되었다.[38] 그리고 일본 지진과 쓰나미 사태 이후 동경에서 열린 제4차 정상회의에서는 당시의 상황에 맞게 재난관리 및 원전안전에 대한 협력방안이 집중적으로 논의된 바 있다.[39]

2009년 10월 북경 회의의 한중일 협력 10주년 공동성명에서 삼국

되어 있던 당시 동아시아의 지식과 정보 네트워크에 의해서 영향을 받은 결과 타지역/세계와의 관계 설정과 지역통합의 이념에 있어서 한계를 드러내고 있다고 지적한다. 그는 그러한 한계 중에 대표적인 것이 닫힌 지역주의와 인종론의 문제라고 보고 있다. 강동국, 「동아시아의 관점에서 본 안중근의 동양평화론」, 안중근의사기념사업회, 『안중근과 그 시대』, 경인문화사, 2009, p. 434. 이와 같은 민족주의, 지역주의, 그리고 보편적인 범세계주의 사이의 적절한 결합 형태에 대한 논의는 여전히 큰 의미를 갖는다고 할 것이다. 안중근의 제안이 동양주의와 인종주의의 한계를 갖는 것은 사실이나, 일본 세력의 확대를 사실로 받아들이면서도 일본의 대륙 침략이 서구 열강의 개입을 초래할 것이라는 것을 인지했다는 점에서 적절한 현실적 인식에 기반하고 있었다고 할 수 있다.

38 비전통적 안보의 문제 중 한중일 삼국의 협력이 가장 잘 제도화되고 있는 것은 환경안보의 영역이라고 할 것이다. 1999년 설립된 한중일 환경장관회의는 매년 정례화된 회담을 개최하고 있으며, 각국의 시민단체들 또한 다양한 다자협력기구를 상설화하고 있다. 최종건, 2009, pp. 47-48.

39 2012년 북경에서의 제5차 정상회의에서는 역내 교역 및 투자 활성화를 논의하였으나, 영토문제의 대두로 말미암아 협력적인 분위기는 조성되지 못하였다.

은 다음과 같이 천명하였다.

> 우리는 상호존중, 평등, 공동이익, 개방성, 투명성 및 다양한 문화존중이 삼국협력의 근간이라고 믿는다. 이는 또한 향후 삼국협력이 준수해야 할 기본원칙이 될 것이다. 삼국은 역사를 직시하고 미래를 지향하는 정신으로 협력의 가능성을 모색하고 그 영역을 확대시켜 나갈 것이다. 우리는 선린우호, 상호신뢰, 포괄적 협력, 상호이익 및 공동발전의 방향으로 삼국협력을 추진해 나갈 것이다. 우리는 이러한 노력들이 세계평화와 안정 및 번영에 기여할 것으로 확신한다.[40]

그리고 이 성명은 정치적 상호신뢰 증진, 상호 유익한 협력 증진, 인적 교류 확대, 아시아의 평화, 안정 및 번영 증진, 범지구적 문제에 대한 적극적인 대응의 사항에 대하여 동의하였다고 밝혔다.

삼국 정상회의를 통해 추진될 수 있는 목표로 가장 기대가 되었던 것은 한중일 FTA의 의제였다. 즉 각각의 쌍무적 FTA의 체결에 있어 어려운 점을 삼자 간에 좀 더 유연한 방식으로 해결할 수 있는 가능성을 탐색하려 하는 것이다.[41] 삼국 FTA의 문제에 가장 관심을 갖고 있는 나라는 중국이다. 중국은 사실상 동북아를 지역협력의 우선순위에 두지는 않고 있으며, 동아시아에서 한중일이 협력할 수 있는 부분은

40 외교통상부, 비공식번역문, p. 2.

41 한중일 FTA의 의미에 대해서는 강형욱, 『한중일 FTA의 경제적 효과와 추진전략』, 삼일, 2007을 볼 것. 일본학자들도 동아시아 국가들의 미국과 유럽 시장에 대한 의존성을 지적하며 글로벌 금융위기 이후 한중일 삼국이 통상구조의 불균형을 해소하기 위해 협력해야 한다고 주장하였다. I. Kuroiwa and H. Ozeki, "Intra-regional Trade between China, Japan, and Korea: Before and After the Financial Crisis," *Institute of Developing Economies Discussion Paper* No. 237, 2010을 참조할 것.

제한적이라고 판단하면서도, 삼국 정상회의에 대해서는 가장 적극적인 모습을 보여 주고 있다. 그 이유 중의 하나가 바로 한중일 FTA에 대한 기대이다. 중국은 세 나라부터 FTA 협상을 시작해서 궁극적으로는 3+ASEAN 형태의 자유무역지대 구축을 구상하고 있는 것이다.[42] 하지만 글로벌 금융위기 이후 삼국 간의 금융/통화협력의 의제가 더 큰 관심의 대상이 되었고, 삼국 FTA의 추진은 잠정적으로 유보된 바 있었다. 그러나 최근 다시 협상이 재개되면서 각국의 손익계산과 국내적 협의가 뒤따를 것으로 예상되며, 삼국 FTA는 다시 이른바 '원 아시아(One Asia)'의 구심점으로 주목을 받게 되었다.

한중일 삼자주의의 제한점 중의 하나는 북한문제를 비롯한 동북아 안보문제에 있어서의 이견의 존재다. 3차 정상회의 시 천안함 사태에 대한 삼국의 이견 노출은 아직도 안보문제에 대한 서로의 인식이 다르다는 점을 보여 주었고, 이러한 위협인식의 차이는 한편으로는 중국, 북한, 러시아 그리고 다른 한편으로는 일본, 한국, 미국의 대립이라는 또 다른 냉전적 대립 구도로의 회귀를 초래할 수도 있다. 하지만 가장 근본적이고 장기적인 한계는 한반도의 통일, 하나의 중국, 일본의 보통국가화라는 동북아의 '정상화의 역동성'을 과연 이 삼자주의가 포용해 나갈 수 있는가의 문제라 할 수 있다.[43] 또한 세 나라 사이의 권력 분포의 불균형이 다원적인 합의를 제약하는 구조적 조건으로 실재하고 있는 면도 부인할 수 없다.[44]

42 장윈링, 「중국의 대전략과 아시아 지역주의」, 문정인, 『중국의 내일을 묻다』, 삼성경제연구소, 2010을 볼 것.

43 이 부분은 다음 장에서 다시 논의될 것이다.

44 이와 같은 맥락에서 삼국보다는 북경-서울-도쿄를 연결하는 소위 베세토 라인의 초국가적 도시 네트워크의 구축이 보다 효과적인 협력의 통로가 될 수 있다는 주장도 가능하다.

그렇지만 이러한 비대칭성이 한국에게 나름대로의 역할을 제공하게 되는 측면을 고려해 볼 수도 있다. 한국의 한중일 정상회의 협력사무국(Trilateral Cooperation Secretariat: TCS) 유치의 사례에서 보는 것처럼 중국과 일본이 서로 유보적인 문제에 대해서 한국이 균형적, 혹은 중재적인 역할을 행사할 수 있는 가능성이 열릴 수도 있는 것이다. 노무현 행정부 시기 한국은 자신이 동북아의 평화와 번영을 위한 균형자 역할을 할 것이라고 주장한 바 있었다. 그러나 이 '동북아 균형자론'은 과연 한국이 지역의 균형자로서 적절한 능력을 갖고 있는가, 그리고 이러한 역할이 한미동맹의 존재와 양립할 수 있는가라는 점에 있어서 비판의 대상이 되었다.[45] 그러나 중일 사이에서의 삼자적 역할 모색은 미중 사이에서의 그것보다는 상대적으로 현실적일 수 있다는 점에서 한중일 삼자주의가 갖는 효용성이 검토될 수 있을 것이다.

그럼에도 불구하고 한중일 삼자주의의 장래는 역시 중일 당사자 간의 양자적 협력 여부에 달려 있다. 중국 중앙당학교의 교수인 먼(Men)은 다음과 같이 이야기한다.

45 배종윤은 이러한 요인 이외에도 논의에 대한 개념적/이론적 고찰이 부족했던 점, 노무현 정부 자체가 자신감을 결여하고 있었다는 점, 정치적 성격이 강했던 점, 대내외적인 정책적 신뢰를 얻는 데 실패했던 점 등을 지적하면서 외교정책상의 딜레마를 해결하기 위한 선택이 오히려 신중함에 대한 평가를 훼손시키고 딜레마를 더욱 심화시키는 결과를 가져왔다고 비판한다. 배종윤, 「동북아시아 지역질서의 변화와 한국의 전략적 선택: '동북아 균형자론'을 둘러싼 논쟁의 한계와 세력균형론의 이론적 대안」, 『국제정치논총』, 48, 3, 2008, pp. 109-111. 서주석은 노무현 행정부의 동북아 균형자론이 사실상 미중 사이의 균형이 아닌 중일 사이의 균형을 염두에 둔 측면이 있었다고 이야기하였다. 그에 따르면 노 대통령은 국방발전자문회의에서 "중국과 일본이 동북아에서 갈등 상황에 있을 때를 대비하여 우리가 그 격차보다 큰 군사력을 보유해야 한다."라고 발언하였다는 것이다. 국제관계연구회 추계학술회의, 2015. 10. 23.

통찰력은 우리에게 중일관계가 동아시아 질서의 미래에 있어 핵심적임을 말해 준다. 중국과 일본은 지역질서 형성에 점점 더 준비되어 있는 것으로 보이지만, 그들은 자신의 심각한 경쟁이 그들의 전략적 이익을 제한하고 있음을 깨닫고 있다. 양국의 공동이익을 바탕으로 한 양자적인 협력적 구도를 구축하는 것이 유일하게 가능한 통로다. 현존하는 전략적 상호관계는 주로 양자적인 관계, 특히 그 관계를 어떻게 안정화하는가에 관련되어 있다. 그 다음 단계는 이러한 양자적인 전략적 상호관계를 어떻게 다른 지역전략들에 연결시켜서 동아시아를 위한 전반적인 공동이해의 구도를 형성하는가 하는 것이다. 이와 같은 방향으로의 움직임은 동아시아 질서형성에 있어 진전을 의미하게 된다.

중국과 일본에게 이러한 이상은 커다란 도전일 뿐만 아니라 공전의 기회이기도 하다. 위대한 국가들은 그들이 행동하기 전에 사고해야 한다. 지금이 중국과 일본이 그들의 이익과 책임에 대해 국가적, 지역적, 그리고 전 지구적으로 좀 더 분명하게 생각하기 시작하고, 그들의 국민과 아시아, 그리고 전 세계를 이롭게 할 전략적 선택에 따라 움직여야 할 시점이다.[46]

하지만 중국과 일본, 그리고 한국과 일본 사이의 역사문제 재등장으로 말미암아 한중일 정상회의는 2년간 열리지 못하였다. 그러나 한국은 2015년 서울회의를 통해 한중일 정상회담과 한일 정상회담의 기회를 제공하였고, 56개 항목에 이르는 동북아평화협력을 위한 공동선언을 채택하였다. 이는 영토와 역사문제를 다른 협력의 의제와 가능한 분리하려는 two-track approach의 고려로 간주될 수 있다. 삼국 정상은 정

46 H. Men, "East Asia Order Formation and Sino-Japanese Relations," *Indiana Journal of Global Legal Studies*, 17, 1, 2010, p. 82.

상회의의 정례적 개최를 확인하고 삼국 FTA 협상을 가속화할 것을 합의하였으며,[47] RCEP 체결에 노력하고 TCS 역량을 강화하며 삼국협력기금(Trilateral Cooperation Fund: TCF)을 조성하는 것에 합의하였다.[48] 또한 북핵문제에 관련하여 6자회담의 조속 개재를 강조하였으며, 박근혜 정부의 '동북아평화협력구상'에 관련된 회의를 추진할 것에 동의하였다. 그 반면 가장 민감한 영토문제인 남중국해 문제는 언급되지 않았으며, 역사문제에 관해서는 "역사를 직시하며 미래를 향해 나아간다는 정신을 바탕으로 삼국이 관련문제들을 적절히 처리하고 양자관계 개선 및 삼국협력 강화를 위해 노력하기로 한다"는 방식으로 처리되었다.[49] 2015년 정상회의는 한국이 삼자관계에서 수행할 수 있는 역할의 가능성과 한계를 모두 보여 준 것으로, 이는 여전히 각각의 양자관계 변화와 그에 관한 한국의 정책에 따라 그 내용과 범위가 정해질 것으로 보인다. 그리고 이와 함께 역사와 정체성 요인에 대한 양면 안보 딜레마의 상황이 어떻게 관리될 것인가 하는 것이 중요할 것이다.

47 하지만 한중일 FTA의 추진이 중국이 얻게 되는 상대적 이익과 일본의 비관세장벽의 문제를 고려한다면 과연 한국에게 실익이 있을 것인가의 여부는 아직 확실하지 않다고 하겠다.

48 TCS의 강화와 TCF의 조성은 경제문제를 비롯한 연성의제에 관한 협력 확대에 기여할 수 있다는 점에서 긍정적이다. TCS의 설립 과정에 대해서는 신봉길, 『한중일 협력의 진화: 3국 협력사무국(TCS) 설립과 협력의 제도화』, 아연출판부, 2015를 참조할 것.

49 『동아일보』, 2015. 11. 2.

제7장

단위의 문제: 다변화된 2차적 상징

장인성은 근대의 초기에서 달성하지 못하였던 '정립'의 개념에 기초한 한중일 사이의 '국제사회'의 형성 시도가 냉전 이후의 동북아에서 또 한 번의 기회를 갖게 되기를 기대한다.[1] 하지만 중국의 부상과 미국의 재균형이라는 물질적 구조와 가치의 공유에 관한 관념적 구조의 제약 이외에도 세 나라가 갖고 있는 단위의 특수성이 그러한 지역적 통합을 저해하고 있는 측면이 함께 존재한다. 즉 동남아/ASEAN과는 달리 동북아시아의 다자적인 안보협력체 구축에 있어서 가장 커다란 한계는 각각의 단위가 지니고 있는 독특한 주권적 형태와 그것에 따르는 멤버십의 문제라고 할 수 있다. 따라서 동북아에 있어서는 지역적 거버넌스의 문제보다는 각 단위의 거너번스의 문제가 먼저, 혹은 동시에 해결되어야 하며, 이는 단순히 현존하는 정체(polity)의 국내정치적 변화에 의해서 해결될 수 있는 사안은 아닌 것이다.

21세기 초반 미 국가전략의 보편적 기준으로 강조되었던 민주평화론은 장기적인 전망에서의 긍정적인 결과 도출의 가능성에도 불구하고

1 장인성, 「동아시아의 문명과 국제사회: 구성원리와 존재방식」, 『한국정치외교사논총』, 24, 2, 2002.

동북아에서 선순환의 계기로 작용하기에는 한계를 갖는다.[2] 이는 한편으로 미국의 자유주의가 갖는 권력정치적 속성에 기인하며, 다른 한편으로는 동북아의 세 나라가 갖고 있는 단위의 성격에 그 원인을 두고 있다. 따라서 동북아에서는 양안관계, 일본 국가, 그리고 한반도에서의 정치적 질서 재편의 논의가 지역주의/다자주의 논의와 함께 고려되어야 하는 것이다.[3]

자유주의적 제국이나 세계연방과 같은 낙관론적인 견해는 근대적인 국제사회에서 세계사회, 혹은 탈근대적 공동체로의 이전 과정을 상정한다. 하지만 동북아는 전술된 것처럼 아직 근대적 국제체제/국제사회의 형성이 이루어지지 않은 상태에 머무르고 있다. 단일한 2차적 상징으로서의 주권국가와 그를 바탕으로 하는 국제체제의 논리가 자체적으로 생성된 것이 아닌 '수입된 모델'임에도 불구하고,[4] 동북아시아의 역사적 경험은 각 나라로 하여금 미완의 근대 프로젝트 완수를 불가피한 것으로 받아들이게 하고 있다. 이는 동북아 각 나라에 있어 제도로서의 근대국가의 전파 이전에 동일한 경계를 가진 정체성, 즉 원민족주의(primordial nationalism)가 존재했었다는 사실과, 식민주의와 양차대전, 그

2 민주평화론과 그 연장선에 있는 신칸트주의 평화론의 내용을 위해서는 B. Russett and J. Oneal, *Triangulating Peace: Democracy, Interdependence and International Organizations*, W. W. Norton, 2001을 볼 것. 러셋과 오닐은 "민주국가들끼리는 전쟁을 하지 않는다"는 민주평화론의 경험적 발견에 고전적 자유주의와 신자유주의의 변수를 덧붙여 '평화의 삼각구도'를 제시하였다.

3 신욱희, 「다변화된 2차적 상징: 민주평화론과 동북아시아」, 『한국사회과학』, 28, 1, 2006을 볼 것. 2차적 상징(the 2nd image)이란 월츠가 자신의 저서에서 제시했던 인간, 국가, 전쟁(체제)의 세 가지 상징 중 국가의 수준을 의미한다. K. Waltz, *Man, the State and War: A Theoretical Analysis*, Columbia University Press, 1959.

4 B. Badie, *The Imported State: The Westernization of the Political Order*, Stanford University Press, 2000.

리고 냉전이라는 독특한 근대사의 존재로 인해 각 나라에 저항적 민족주의가 생성되었다는 사실에 기인한다.[5]

이러한 동북아의 특성은 민주평화론에서 논의되는 민주화와 민족주의 사이의 관계에 대한 지역적 검토를 필요로 한다. 스나이더(Snyder)는 민주화의 전환적 과정이 민족주의의 강화나 인종적 갈등을 초래하여 오히려 분쟁의 원인을 제공하게 되는 가능성에 대한 우려를 표시하였다.[6] 헥터(Hechter)도 간접적 지배에서 직접적 지배로의 이행이 국가적 정체성을 강화시키게 되고 대외적으로 배타적 민족주의로 전개되는 과정을 서술하고 있다.[7] 이행 과정상에서 민중주의가 등장하고 국내중심적인 정책연합이 형성될 수 있는 개연성을 지적한 솔린겐(Solingen)의 분석도 유사한 의미를 갖는다.[8]

민주화와 민족주의 사이의 인과관계는 중국, 대만, 한국, 북한, 일본이라는 구성단위로 이루어진 동북아 지역체제의 국제정치적 이해에 있어서 주요한 고려 대상이다. 예를 들어 중국의 민주화는 중앙-지방 관계나 소수 민족의 문제와 연결되어 다양한 안보적 변수로 작용할 수 있다. 역설적으로 급격한 국내정치적 전환이 중국의 내부안보(internal security)를 위협하여 중국 정부의 경계 대상이 되거나 민주화의 진전이 오히려 민족적 정체성을 강화시키게 된다면 이는 오히려 중국 대외정책의 공격적인 방향으로의 전환으로 연결될 가능성도 있는 것이다. 대

5 이와 같은 저항적 민족주의의 요소가 위에서 이론적으로 제시된 양면 안보딜레마의 기초를 제공하는 것이다.

6 J. Snyder, *From Voting to Violence: Democratization and Nationalist Conflicts*, W. W. Norton, 2000.

7 M. Hechter, *Containing Nationalism*, Oxford University Press, 2000.

8 E. Solingen, *Regional Orders at Century's Dawn*, Princeton University Press, 1998, ch. 4.

만의 민주화는 대만 민족주의의 대두로 이어져서 결과적으로 양안관계의 갈등요인으로 작용하는 예를 이미 보여 준 바 있었다.[9]

한국의 경우에 있어서도 민주화의 과정이 반드시 주변국과의 협력증진으로 이어졌던 것은 아니다. 시기적으로 민주화의 진전은 반미감정의 증대와 일본과의 정치적 마찰이 증가와 일치한다. 다시 말하자면 외교정책 결정에 있어 시민사회의 영향력 확대가 반드시 그 국가의 대외관계를 협력적으로 유도하지는 않는다는 것이다. 사회적인 수준에서의 잠재적 민족주의의 경향은 제도적으로 안정된 민주주의 체제를 유지하고 있는 일본의 경우에서도 발견된다. 루오프(Ruoff)는 일본 천황제의 기반을 고찰하면서, "일본의 시민사회는 자유주의적이고 일본의 국가는 그렇지 않다"는 종전의 이분법을 비판하고 일본 사회에서 우익 집단이 갖는 영향력과 그 확대의 측면을 지적한 바 있다.[10]

하나의 중국, 보통국가로서의 일본, 통일된 한반도를 지향하는 정상화의 역동성이 각 국가들 자신에게는 당연한 것으로 받아들여지면서 강한 국내정치적 추동력을 갖는 반면, 다른 국가의 변화에 대해서는 부정적인 견해나 우려를 표명하고 있는 것이 동북아시아의 현실이다. 즉 중국과 한국 또는 북한은 일본의 보통국가화가 가져올 지역적 위협에 대해 염려하고, 일본은 대만해협이나 한반도에서의 현상변경이 지역적 불안정을 초래할 수도 있다고 생각하고 있는 것이다. 또한 이러한 민족자결과 주권을 강조하는 국지적, 지역적 역동성의 존재는 민주주의와

9 P. Chang, "The Dynamics of Taiwan's Democratization and Crisis in the Taiwan's Strait," *Contemporary Southeast Asia*, 18, 1, 1996.

10 K. Ruoff, *The People's Emperor: Democracy and the Japanese Monarchy, 1945-1995*, Harvard University Press, 2001. 따라서 중국, 대만, 한국, 일본의 국내정치는 민주화의 정도와는 큰 상관없이 모두 양면 안보 딜레마의 요인으로 작동할 수 있는 가능성을 갖는다고 할 수 있다.

인권이라는 보편적인 자유주의 원칙의 부과와 때로 상충되는 결과를 가져오게 된다.

냉전 이후의 동북아에서 변화의 추세가 피할 수 없는 것이라면 단순한 현상유지를 지향하기보다는 평화적 전환의 방식과 예측 가능한 시나리오에 대해 좀 더 적극적인 논의를 전개하는 것이 바람직할 것이다. 하지만 이러한 과정에서 고려해야 할 것은 단위 차원의 변화가 수반하는 체제 차원의 불안정성을 어떻게 관리할 수 있는가의 문제다. 이는 어떻게 배타적인 민족주의의 등장을 제어할 것인가, 어떻게 서로 다른 성격의 민족주의가 양립할 수 있을 것인가, 어떻게 민족주의와 지역주의, 혹은 전 지구적인 다자주의가 공존할 수 있는가의 문제와 연결된다. 이와 같은 고려는 개별 국가의 민주화나 경제적 상호의존의 심화, 주어진 단위 간의 제도적 연계 모색만으로는 충분하지 않으며 단위 자체에 대한 대안적인 논의를 필요로 한다는 것이다.

이러한 가능성의 모색을 위해서는 단순한 근대적 단위로의 즉각적인 재편보다는 포괄적인 '하나'와 '보통'의 원칙하에서 단계적인 과정이나 탄력적인 정체성과 제도에 대한 구상이 요구된다. 현재 중국과 대만, 일본, 그리고 한반도에서는 각각의 2차적 상징의 재편 움직임이 진행되고 있으나 그러한 논의가 내부적 합의와 외부적 동의를 동시에 얻고 있는 것으로 여겨지지는 않는다. 여기서 2000년대 초반에 세 나라에서 이루어졌던 단위의 전환에 대한 논의를 비교적으로 살펴보고자 한다.

중국은 하나의 중국이라는 기본전제 아래서 평화통일과 (중화인민공화국으로서의 일국, 사회주의가 주체가 되는 양제로서의) 일국양제의 원칙을 견지한 반면, 대만은 장기적으로 통일에 접근하면서 일각에서는 양국론과 대만 독립론이 제기되기도 하였다.[11] 또한 대만의 민주화가 진전되면서 대만적인 정체성이 강화되고 이러한 추세가 중화 민족주의와

갈등을 빚을 가능성이 지적되었다.[12]

일본의 보통국가론은 '잃어버린 10년' 이후의 새로운 민족주의 분위기의 고조와 헌법 개정 논의와 더불어 탄력을 받았다. 하지만 막상 헌법 9조의 개정 방향에 대해서도 이전의 오자와, 하토야마, 나카소네 안의 차이에서 보는 것처럼 구체적인 내용이 확정되었던 것은 아니며,[13] 보통국가가 실질적으로 무엇을 의미하는가에 대해서도 일부 학자는, 핵과 미사일은 개발하지 않으며, 미국과 국제연합의 정책과 상충되는 군사적 행동은 하지 않는다 등의 유보조항을 언급하는 등 명확한 답이 주어지지는 않았다.[14] 하지만 현재의 국내정치적 상황의 전개는 보통국가로서의 일본이 군국주의로 복귀하지는 않는다 하더라도 최소한 동북아 지역의 갈등요인의 제공자가 될 것이라는 우려가 많다고 하겠다.

한반도의 경우 남북한 간의 통일논의가 수렴되는 것처럼 보였던 거의 유일한 예는 2000년 6·15 공동선언 제2항에서의 "남과 북이 나라의 통일을 위한 남측의 연합제 안과 북측의 낮은 단계의 연방제 안이 서로 공통성이 있다고 인정하고 앞으로 이 방향에서 통일을 지향시켜 나가기로 했다"는 합의였다. 그러나 두 방안은 외형상의 공통점에도 불구하고 본질적인 이질성을 갖고 있으며, 양측이 여전히 자기중심적인 전환 과정을 상정하고 있는 것이라는 비판이 존재하였다.[15] 또한 미국의

11 최관장, 「중국 통일 이데올로기와 양안 통일방안에 관한 연구」, 『중국학연구』, 24, 2003.

12 김범석, 「대만 민주화와 양안관계의 변화: 민주평화론을 적용하여」, 『국제정치논총』, 45, 2, 2005.

13 M. Itho, "Japanese Constitutional Revision: A Neo-Liberal Proposal for Article 9 in Comparative Perspective," *Asian Survey*, 41, 2, 2001.

14 北岡伸一, 『普通の國へ』, 中央公論新社, 2000.

15 최완규, 「남북한 통일방안의 수렴 가능성 연구: 연합제와 낮은 단계의 연방제」, 『북한연구학회보』, 6, 1, 2002.

부시 행정부 등장 이후 남북한 간의 정치적 대화는 다시 교착상태에 빠졌고, 북핵문제의 전개로 인해 한반도 평화체제 논의는 다시 북미 간의 쌍무, 혹은 6자회담의 다자적 의제가 되었던 바 있다.

동북아에서 민주평화론을 넘어선 단위의 재편 논의가 본격화되기 위해서는 "왜 군사력을 독점하는 단일영토국가가 21세기 동북아의 궁극적인 단위가 되어야 하는가?"라는 보다 근본적인 메타이론적 질문이 던져져야 할지도 모른다. 이러한 질문에 대한 해답은 신현실주의가 상정하는 깨어지지 않는 당구공이 아닌 다변화된 혹은 복합적인 2차적 상징의 구성에 있을 것이다. 이와 같은 개념적 시도를 위해서는 크래스너가 지적하는 것처럼 '문제 있는 주권(problematic sovereignty)'에서 '창의적인 변용(creative deviation)'의 가능성을 발견하려는 노력이 필요하다.[16] 양안관계에서 일국양제가 아닌 일국양체론,[17] 평화국가와 보통국가의 성격이 혼합된 수정된 보통국가로서의 일본, 그리고 국가연합 형태로서의 한반도 평화체제에 대한 검토 등이 그 예라고 할 것이다. 결국 동북아에 있어서는 단위 차원의 문제 해결 노력을 선행 또는 병행함으로써 모든 행위자가 참여하는 지역 차원의 제도적 틀을 만들 수 있는 단초가 주어진다고 볼 수 있다.[18]

한중일 사이의 전략적 삼각관계가 A+B+C로 그리고 삼자주의가 (A+B+C)로 표시될 수 있다면 현재의 중국, 대만, 한국, 북한, 일본의 상

16 S. Krasner, ed., *Problematic Sovereignty: Contested Rules and Political Possibilities*, Columbia University Press, 2001. 이 책은 다양한 사례연구를 통해 절충적인 혹은 변형된 주권의 예를 보여 주고 있다. 창의적인 변용이라는 용어는 바디(Badie)에게서 빌렸다. Badie, 2000.

17 이 경우는 대만이 홍콩의 사례보다 내치에 있어 좀 더 큰 자율성을 갖고 자신의 체제를 운영하는 것을 뜻한다.

18 이는 결국 단위 차원의 양면 안보 딜레마의 해결과 위협인식의 경감이 지역 수준의 연합적 세력균형을 가능케 한다는 것을 의미한다.

태는 A+A′+B+B′+C′라고 할 것이다. 따라서 이는 (A+A′)+(B+B′)+(C′: 수정된 보통국가로서의 일본)의 단위 재편 과정을 거쳐서 A+B+C의 전략적 삼각관계, 혹은 (A+B+C)의 삼자주의로 발전할 가능성이 모색될 수 있는 것으로 생각되는 것이다.

제8장

결론: 한국의 전략

서론에서 언급되었던 것처럼 21세기 중국의 부상은 한국에게 새로운 지정학적/지경학적 환경을 부여하고 있으며, 이는 기존의 동맹과 더불어 지역과 지역정책에 대한 전략적 고려를 요구한다고 할 수 있다. 이 경우 우리가 어떠한 지역적 범주를 중심으로 정책을 수행할 것인가 하는 점이 중요하게 되는데, 본 연구는 동북아의 소지역주의가 갖는 의미를 지적하고 그 핵심적인 관계로서의 한중일 삼국 간 관계의 중요성을 강조하였다.

연구의 분석틀로는 가장 단순한 복잡계로서 삼각관계의 틀을 원용하면서 디트머의 낭만적 삼각관계에서의 중추적 역할을 하나의 이념형(ideal type)으로 상정하였다. 하지만 전략적 삼각관계의 조건을 충족시키지 못하는 한중일 관계의 설명을 위하여 역외세력 내지는 상위의 양자관계의 영향, 다른 삼각관계와의 중첩성, 단위의 주권적 특수성에 대한 고려를 통한 보완의 필요성을 언급하였다. 이론적 측면에서는 지역 수준 이론 모색의 효용성을 전제로 기존 안보이론에 대한 보완 혹은 대안적 틀로서 위협전이와 양면 안보 딜레마의 개념을 제시하였다. 주체성과 국내정치적 요인에 대한 고려를 포함하는 이와 같은 이론적 논의의 견지에서 식민주의와 냉전기의 역사적 과정을 검토하였고, 중국의 한국전쟁 참전과 샌프란시스코 체제에 대한 사례연구를 수행하였다. 그러나 여러 구조적 요인의 압도에 의해서 두 시기에 있어 주체로서의 한반도가 갖는 중추적 역할 수행의 가능성은 희박하였음을 확인하였다.

냉전의 종언 이후 중국이 전지구적/지역적 수준에서 핵심적인 행위자로 등장하고 한중일 관계의 상위적 양자관계인 미중관계가 삼각관계의 부분으로 기능하게 됨에 따라 탈냉전기의 한중일 관계는 사실상 미국을 포함한 사국 간 관계의 역학 대상이 되었다. 그러므로 탈냉전기의 분석은 미국을 포함한 측면연계와 관계의 상호의존성을 검토하고, 미중, 미일, 중일 간의 양자관계가 중요한 역할을 하는 ASEAN Way, 아시아/태평양 협력, 한중일 삼자주의라는 동아시아 다자주의의 세 유형을 고찰하였다.

양자관계의 상호의존성을 검토하면서 이 연구는 미중관계의 역동성하에서 한국은 균형을 취할 수 있을 것인가; 미일관계의 연속성하에서 한국은 방기 혹은 소외될 것인가; 중일관계의 모호성하에서 한국은 의미 있는 역할을 수행할 수 있을 것인가라는 세 질문을 던졌고, 첫 번째 질문에 대해서는 아마 힘들 것, 두 번째 질문에 대해서는 희망적으로 보아서 그렇지 않을 것, 세 번째 질문에 대해서는 경우에 따라서 가능할 수 있을 것이라는 답을 제시하였다. 세 유형의 다자주의에 대해서는 첫 모델은 연성 다자주의의 제약, 두 번째 모델은 자유주의 평화론의 한계, 세 번째 모델은 사회적 수준의 영향력 문제를 각각 지적하고, 동북아시아에서 다자주의의 모색은 단위 차원의 전환에 대한 고려가 필요함을 강조하였다.

이와 같은 상황에서 동아시아에서 한국의 중추적 역할 모색은 여전히 많은 제한점을 갖고 있는 것이 사실이다.[1] 냉전기 한국의 안보를

1 중추의 역할이 어렵다면 협력의 중재, 매개, 촉매 등의 보완적 역할의 설정도 가능할 것이다.

담당해 온 한미일 삼각관계와 이 연구에서 분석된 한중일의 삼각관계의 중심축인 미일관계와 중일관계의 상반된 전개 양상은 한국에게는 커다란 전략적 딜레마의 문제로 등장하고 있다. 즉 구조적인 제약하에서 미국과 중국, 그리고 일본 모두를 포괄하면서 '동맹의 유지'와 '지역의 구성'을 함께 추진해 나가야 하는 주체적 과제를 어떻게 수행할 것인가 하는 점이 중요해지는 것이다. 이를 위해서는 적절한 '위협인식(threat perception)'과 '역할구상(role conception)'의 설정이 요구된다고 할 수 있다.[2] 한국의 장기적 전략의 수립을 위해서는 미일관계의 연속적인 측면에 지나치게 치우치지 않으면서, 중일관계의 갈등적인 측면을 부분적으로 해결해 나갈 방법을 찾는 것이 필요하다.[3] 이는 다자주의적인 면에 있어서는 한중일 삼자주의를 적극적으로 활용해서 아시아/태평양 협력에서 긍정적인 전환의 모습을 이끌어 내려는 노력을 의미한다. 이를 위해서 한국은 '중국위협론'과 '중국포위론' 사이에서 어느 한편에 치우치지 않는 위협인식과 '중일협력의 촉진자' 및 '동북아 지역주의의 추진자'라는 역할구상의 설정을 모색해야 할 것으로 생각된다.[4]

2 각각의 개념을 위해서는 R. Baldwin, "Thinking about Threats," *Journal of Conflict Resolution*, 15, 1, 1971과 K. J. Holsti, "National Role Conceptions in the Study of Foreign Policy," *International Studies Quarterly*, 14, 3, 1970을 볼 것.

3 따라서 이러한 브로커 역할의 기본 조건은 협력적인 대중, 대일관계의 유지가 되는 것이다.

4 로즈먼(Rozman)은 한국에 의한 보편적 가치 수용과 역사문제에 대한 포용은 중·일 모두의 신뢰를 얻게 할 것이며, 지역주의에 대한 한국의 주장은 타국의 경계심을 일으키지 않을 것이기 때문에, 한국이 지역협력체 구성을 위한 최적의 행위자라고 이야기한다. G. Rozman, "South Korea and Sino-Japanese Rivalry: A Middle Power's Options within the East Asian Triangle," *The Pacific Review*, 20, 2, 2007. 하지만 이는 로즈먼이 지적하는 것처럼 역내에 존재하는 미중일, 한미일, 한중일의 세 개의 삼각관계를 조정할 수 있는

또한 우리의 입장에서는 중국위협론에 대한 일방적 수용이나 경시와 더불어 일본위협론의 지나친 도구적 강조 역시 경계하여야 하며, 한일관계가 두 삼각관계의 교집합이라는 점을 인식하고 그 활용의 가능성을 열어 두어야 하는 것이다. 이는 중국위협론과 일본위협론이라는 두 형태의 위협전이와 그것이 초래하게 되는 국내적인 탈안보화/안보화의 과정, 그리고 그 결과로서의 양면 안보 딜레마에 대한 세밀한 고려가 필요하다는 것을 의미한다.

로즈먼은 동아시아 공동체의 개념이 진지하게 받아들여져서 새로운 아시아/태평양 공동체에 대한 한국과 일본의 이해와 함께 국제사회에 대한 중국의 접근을 명확하게 해 주는 병행적인 추구와 연결될 수 있다면, 한중일 대화는 국가 간 정체성 격차를 줄일 수 있는 잠재력을 가질 것이라고 본다.[5] 그는 한국이 중국과 일본을 연결할 수 있는 자연스러운 위치에 있다고 지적하는데, 만약 북한의 위협이 중국의 의노를 의심하게 되는 방향으로 다루어지지 않고, 미중관계가 한국의 노력을 불가능하게 할 정도로 악화되지 않는다면 한국은 어느 정도의 중간 지대를 확보할 수 있을 것이라고 말한다. 하지만 그는 중국의 부상과 체제적 속성이 아시아 지역주의의 장애라고 생각하고, 한일 간 협력이 중국에게 긍정적인 영향을 줄 것으로 기대한다는 점에서 여전히 미국적 입장을 보여 주고 있다.[6] 따라서 우리는 좀 더 포괄적인 입장에서의 한미일, 한중일 두 삼각관계의 연결 모색 방법을 고려해야 한다고 볼 수 있다.

하지만 이러한 전략의 추진에 있어서는 고전적 현실주의가 강조하

유연한 외교를 전제로 한다는 점에서 그 난점이 존재하는 것이다.

5 G. Rozman, "Narrowing the Gap between China and Japan: Three Dimensions of National Identity and the Korean Factor," *Japanese Journal of Political Science*, 14, 1, 2013, p. 40.

6 Rozman, 2013, pp. 44-48.

는 '신중성'에 대한 고려가 병행되어야 한다. 즉 우리에게 여전히 핵심적인 대미관계와 위와 같은 전략적 노력을 어떻게 양립시킬 수 있는가 하는 점이 함께 검토되어야 하는 것이다. 이와 연관해서 우리는 노무현 행정부 시기의 동북아 균형자론에 대한 비판적 성찰과 함께, 취임 초기 '대등한 미일관계론'과 미국이 배제된 '동아시아 공동체론'을 추진하려 했던 일본 민주당 하토야마 내각의 정책적 실패 사례를 분석해 볼 필요가 있다. 아미티지(Armitage)와 나이는 일본의 두 정책에 대해서 대등한 미일관계를 만들기 위해서는 "일본은 현재처럼 GDP 1%가 아닌 4%를 방위비에 충당하지 않으면 안 될 것이다. 그리고 핵무기를 독자적으로 개발하고, 독자적인 외교를 실현하겠다는 결단을 내리지 않으면 안 된다."라고 지적하고, 동아시아에서 "만약 미국이 '배제되고 있다'고 느끼게 된다면, 아마도 보복에 나설 것이다. 그것은 (일본에게) 큰 대가를 치르게 할 것이다."라고 경고하였다.[7]

김성철은 긴밀하고 대등한 미일관계와 동아시아공동체 구상을 제창하고 자립외교를 추구한 하토야마 내각이 집권 기간 중에 후텐마 기지 이전문제, 핵밀약 공개, 도요타 자동차 리콜사태 등의 사건을 겪게 되었음을 지적하고, 미일동맹의 근본적인 변화를 시도했다가 결과적으로는 실패한 것으로 평가한다.[8] 박영준도 하토야마의 대등한 미일관계 구축이라는 이상이 좌절되는 과정을 분석하고 있는데, 그에 따르면 아시아 국가와의 관계를 강화하는 한편 미국과의 적절한 동맹 관리에 실

7 이명찬, 2013, p. 283, 279에서 재인용. 이후 노다 내각은 미일동맹 강화의 입장으로 선회하였고, 2012년 11월 11일 미일 양국은 중국 견제를 목표로 하는 신가이드라인 개정에 합의하였다. 김두승, 「아베정권의 미일동맹정책과 한국의 안보: 미일 가이드라인을 중심으로」, 『한일군사문화연구』, 16, 2013을 참조할 것.

8 김성철, 『일본 외교와 동아시아 국제관계』, 한울아카데미, 2015, p. 86.

패한 민주당 정부는 역설적으로 중국의 공세적인 대외전략의 전개로 인해 센카쿠를 둘러싼 분쟁에 휩싸이면서 미일동맹을 기축으로 하는 정책으로 다시 선회할 수밖에 없었다는 것이다.[9]

21세기 초반의 세계적/지역적인 환경은 한국에게 있어 도전과 기회의 요인을 동시에 제공하고 있다. 이 시점에서 우리는 단순한 반응국가의 단기적 정책에만 집중하기보다는 주체-구조 문제의 시각에서 장기적인 전략을 모색하여야 한다. 이를 위해서는 새로운 전환의 과정에서 기존 한미일 관계의 동맹 중심 전략과 미래 한중일 관계의 지역 중심 전략을 어떠한 방식으로 '복합화'해 나갈 것인가에 대한 고민이 필요하며,[10] 이를 위한 구체적인 실천적 의제에 대한 고려가 요구되는 것이다.

그 첫 번째 대상은 두 삼각관계의 행위자에 더해서 러시아가 추가적인 주체로 참여하고 있는 6자회담의 장을 활용하여 '북한문제'를 해결하려는 시도라고 할 수 있다. 북한의 개혁과 개방을 포함하는 포괄적인 북한문제와 그에 대한 지역적 협력은 실제적으로 북핵문제 해결을 전제로 한다는 점에서 복잡한 양상을 띠고 있다. 그러나 김명섭은 북핵문제의 기원을 아시아/태평양전쟁의 종결과 샌프란시스코 평화회의까지 끌어올리면서, 지역 국가를 포괄하는 협의체로서 6자회담의 의미와 그 가능성을 타진한다.[11] 즉 북미 양자관계에 더하여 한국, 중국, 일본,

9 박철희 외, 『일본 민주당정권의 성공과 실패』, 서울대학교출판문화원, 2014, 제4장.

10 김성한도 유사한 문제의식에서 동북아시아의 세 가지 삼각관계를 검토하였다. 하지만 이는 세 관계의 복합적 분석이라기보다는 병렬적 분석의 형태를 취하고 있다. 김성한, 「동북아 세 가지 삼각관계의 역학구도: 한중일, 한미일, 한미중 관계」, 『국제관계연구』, 20, 1, 2015.

11 김명섭, 「북핵문제와 동북아 6자회담의 지정학: 역사적 성찰과 전망」, 『한국과 국제정치』, 27, 1, 2011.

그리고 러시아가 지역문제로서 북핵/북한문제를 해결할 수 있을 때 냉전체제로서의 샌프란시스코 체제를 대체하는 다자적 협의체가 만들어질 수 있을 것으로 보는 것이다. 그러나 6자회담에서 일정한 역할을 수행해 온 중국이 비핵화와 한반도의 체제 안정 중시의 사이에서 정책적 딜레마의 양상을 보이고 있고,[12] 일본은 상대적으로 북한에 대한 두려움을 국내적으로 활용하면서 수정주의적 역사관을 강화시키고 있다는 점에서 볼 때 그 전망은 불확실한 것이 사실이다.[13] 그러나 그러한 상황에서도 지속적으로 중국과 일본(그리고 북한)을 포괄하는 협의를 시도하려는 장기적인 노력이 한국에게 요구된다고 하겠다.

한국의 복합화 전략의 두 번째와 세 번째의 대상은 기능주의적 협력과 연관된 통상과 에너지 분야에 관한 것이다. 통상에 있어서는 위에서 언급된 TPP와 RCEP의 연계를 통해 한미일 관계와 한중일 관계의 복합화를 고려하고, 에너지에 있어서 하나의 시도로 천연가스 자원 확보에서 액화천연가스(LNG)와 파이프라인 운송 천연가스(PNG) 라인을 연결함으로써 해양과 대륙을 복합화하는 전략 구상을 생각할 수 있다.[14] 이승주는 한국이 중국과 미국이 주도하는 각각의 경제통합 과

12 이영학, 「북한의 세 차례 핵실험과 중국의 대북한 정책 변화」, 『국제정치논총』, 53, 3, 2014.

13 K. Son, "Constructing Fear: How the Japanese State Mediates Risks from North Korea," *Japan Forum*, 22, 1-2, 2010; 양기웅, 「한일관계와 역사 갈등의 구성주의적 이해」, 『국제정치연구』, 17, 2, 2014. 한국의 대외전략 추진에 있어서 국제적인 수준과 더불어 구조적 제약으로 존재하는 것은 국내적 수준의 문제다. 따라서 우리는 북한문제가 어떻게 동맹과 지역의 양립 상황 속에서 해결될 수 있는가를 모색함과 더불어 그를 위한 국내적 합의를 어떻게 확보할 수 있는가의 문제 또한 풀어 나가야 하는 것이다.

14 후자의 구상은 지정학적 특수성을 갈등이 아닌 협력의 요인으로, 숙명이 아닌 기회로 인식하는 반도에 관한 이른바 '신지정학/비판지정학적' 논의에 해당한다고 볼 수 있다. 신지정학/비판지정학 연구의 예로는 J. Agnew and J.

정에서 배제되지 않기 위해 궁극적으로 TPP와 RCEP에 모두 참여하는 선택을 해야 한다고 지적하며,[15] 임반석은 TPP와 RCEP가 경쟁적인 관계로 인식되고 있지만 양자는 여러 측면에서 조화를 이룰 수 있는 공간을 갖고 있다고 이야기한다.[16] 김성진은 한국의 에너지 외교를 논의하면서 수입에너지 믹스에 대한 적절한 포트폴리오를 도출할 것과 동북아 에너지 협력에 대한 지속적인 추진과 참여를 강조하고 있다.[17]

이러한 작업은 구체적인 정책적 검토에 앞서 이론적 논의와 역사적 고찰을 요구하고 있다고 할 수 있다. 이 연구에서 다루어진 삼각관계의 틀과 그 안에서 상대적으로 국력이 약한 국가가 수행할 수 있는 중추적 역할의 가능성 문제는 이러한 점에서 큰 의미를 내포한다. 역사적으로 볼 때 동아시아에서 한국의 상대적인 힘의 열세(power disparity)와 한반도의 지정학적 중요성은 상수의 성격을 갖는다. 따라서 우리는 한미일 관계와 한중일 관계의 교차점에서 한국이 갖는 주체성의 범위를 확대시키고 양자를 조화시키기 위한 국가전략을 모색해야 하며, 이를 위해서는 다양한 학문적 의제를 검토해 나가야 할 것이다. 한미일 관계에 비해 시간적인 연속성과 공간적인 연계성이 보다 분명한, 즉 더 오랜 역사를 갖고 있으며 지리적으로 좀 더 인접한 한중일 삼각관계를 이론적,

Duncan, eds., *The Power of Place: Bringing Together Geographical and Sociological Imaginations*, Routledge, 1989를 참조할 것. 물론 이러한 구상은 북한의 개방을 통한 물류 통로의 확보, 그리고 남북한 사이의 경제협력의 확대라는 다른 전제와 연결되어 있다는 점이 고려되어야 한다.

15 이승주, 2013, p. 117.

16 임반석, 「TPP와 동아시아 RCEP의 경합과 보완의 가능성」, 『한국동북아논총』, 70, 2014.

17 김성진, 「동북아 에너지 안보의 지형 변화와 한국의 에너지 외교」, 『세계정치』, 23, 2015.

역사적으로 고찰한 본 연구도 그러한 노력의 하나로 수행되었다고 볼 수 있을 것이다.

참고문헌

1. 1차 자료

〈국문〉

국사편찬위원회, 1988a, 『대한민국사자료집 제29집: 이승만관련서한자료집 2, 1949-1950』.

_____, 1988b, 『대한민국사자료집 제30집: 이승만관련서한자료집 3, 1951』.

_____, 1988c, 『대한민국사자료집 제31집: 이승만관련서한자료집 4, 1952』.

_____, 1995, 『남북한관계사료집 제11집』.

김옥균, 「조선개혁의견서」.

박영효, 「내정개혁에 대한 상소문」

〈영문/기타〉

From Robertson to the Secretary, 611.94/1-757, Central Decimal File, National Archives.

모택동이 주은래에게 보낸 전문, 1950년 10월 13일. 중공중앙문헌연구실 편, 1999, 『모택동 문집 제6권』, 인민출판사.

스탈린, 주은래가 모택동에게 보낸 전문, 1950년 10월 11일. 러시아 사회정치사 문서보관소(RGASPI), fond 558, opis 11, delo 334, listy 124-135, T6019.

2. 2차 자료

〈국문〉

강동국, 2009, 「동아시아의 관점에서 본 안중근의 동양평화론」, 안중근의사기념사업회, 『안중근과 그 시대』, 서울: 경인문화사.

_____, 2015, 「조선시대 국제정치사상과 당대 한반도: 1876-1910년의 변용과 그 사상적 유산을 중심으로」, 외교사연구센터 제4회 브라운백 세미나(국립외교원, 2015. 9. 4.).

강상규, 2008, 『19세기 동아시아의 패러다임 변환과 한반도』, 서울: 논형.

강정인, 2004, 『서구중심주의를 넘어서』, 서울: 아카넷.

강형욱, 2007, 『한중일 FTA의 경제적 효과와 추진 전략』, 서울: 삼일.

김경만, 2015,『글로벌 지식장과 상징폭력: 한국 사회과학에 대한 비판적 성찰』, 파주: 문학동네.
김경일 저, 홍면기 역, 2005,『중국의 한국전쟁 참전기원: 한중관계의 역사적, 지정학적 배경을 바탕으로』, 서울: 논형.
김기석, 2007,「일본의 동아시아 지역주의 전략: ASEAN+3, EAS 그리고 동아시아 공동체」,『국가전략』, 13(1).
김기주·황명선, 2013,「센카쿠(댜오위다오)열도 영토분쟁을 둘러싼 일·중 간 전쟁 발발 가능성 전망: 전쟁의 단계 이론 적용과 함의」,『국제정치논총』, 53(2).
김두승, 2013,「아베정권의 미일동맹정책과 한국의 안보: 미일 가이드라인을 중심으로」,『한일군사문화연구』, 16.
김명섭, 2005,「동아시아 냉전질서의 탄생: 극동의 부정과 대동아의 온존」, 백영서 외,『동아시아의 지역질서: 제국을 넘어 공동체로』, 파주: 창비.
_____, 2011,「북핵문제와 동북아 6자회담의 지정학: 역사적 성찰과 전망」,『한국과 국제정치』, 27(1).
김범석, 2005,「대만 민주화와 양안관계의 변화: 민주평화론을 적용하여」,『국제정치논총』, 45(2).
김성진, 2015,「동북아 에너지 안보의 지형 변화와 한국의 에너지 외교」,『세계정치』, 23.
김성철, 2015,『일본 외교와 동아시아 국제관계』, 파주: 한울아카데미.
김성한, 2015,「동북아 세 가지 삼각관계의 역학구도: 한중일, 한미일, 한미중 관계」,『국제관계연구』, 20(1).
김영철 · 박창건, 2005,「외환위기 이후 동아시아 지역주의: 한·중·일 3국을 중심으로」,『한국과 국제정치』, 21(3).
김영호, 1998,「동아시아와 케난의 딜레마」,『한국과 국제정치』, 14(1).
김예경, 2008,「중미 간의 세력경쟁과 아세안의 균형전략(balanced strategy): 약소국의 중추적 역할(pivotal role) 찾기」,『한국정치학회보』, 42(1).
김옥준, 2006,「중국은 왜 한국전쟁에 참전했는가」,『내일을 여는 역사』, 23.
김용구, 1997,『세계관 충돌의 국제정치학: 동양 예와 서양 공법』, 서울: 나남출판.
김용운, 2014,『풍수화: 원형사관으로 본 한중일 갈등의 돌파구』, 서울: 맥스미디어.
김우상, 2004,「세력전이론」, 우철구·박건영 편,『현대 국제관계이론과 한국』, 서울: 사회평론.
김원수, 2014,「그레이트 게임과 한러관계의 지정학: 거문도 사건과 이홍장-라디젠스키 협약(1886)을 중심하여」,『서양사학연구』, 30.
김윤식, 1971,『음청사』, 서울: 탐구당.
김태현, 2004,「세력균형론」, 우철구·박건영 편,『현대 국제관계이론과 한국』, 서울: 사회평론.
김현철, 2005,「청일전쟁과 1890년대 조선의 자주독립외교의 전개와 제약」, 하영선 외 편,『한국외교사와 국제정치학』, 서울: 성신여자대학교출판부.
남궁영·김원규, 2013,「센카쿠제도를 둘러싼 중·일 간 분쟁의 함의: 공격적 현실주의적 접근」,『세계지역연구논총』, 31(1).
남기정, 2005,「동아시아 냉전체제 하 냉전국가의 탄생과 변형: 휴전체제의 함의」,『세계정치』, 26(2).
동북아경제중심추진위원회, 2003,『동북아경제중심 추진의 비전과 과제』, 서울: 국정홍보처.
딜릭, 아리프 저, 김영희 역, 1993,「아시아, 태평양이라는 개념: 지역구조 창설에 있어서 현실과 표상의 문제」,『창작과비평』, 73.
루만, 니클라스 저, 윤재왕 역, 2014,『체계이론 입문』, 서울: 새물결.
류지아, 2010,「한국전쟁 전후, 대일강화조약 논의에 의한 아시아 내에서 일본의 안보와 위상: 한국과의 관계를 중심으로」,『한일민족문제연구』, 18.
민병원, 2013,「신안보딜레마와 네트워크 국제정치: 이론적 분석」,『평화연구』, 20(1).
박건영, 2013,「오바마의 주핀과 긴 파장?: 재균형과 한반도에 대한 함의」,『한국과 국제정치』, 29(3).
박두복 편, 2001,『한국전쟁과 중국』, 서울: 백산서당.
박병광, 2010,「중국의 다자안보협력에 대한 이론과 실천」,『2010 JPI 공동연구시리즈』, 제주평화연구원.
_____, 2013,「북중관계의 특수성은 어떻게 형성되었는가?」, 정덕구 · 추수롱 외,『기로에 선 북중관계: 중국의 대북한 정책 딜레마』, 서울: 중앙북스.
박영준, 2007,「21세기 미일동맹의 변환과 일본 방위체제 변화」,『국가전략』, 13(2).
_____, 2016,「중일관계에서 오는 한국의 안보 도전」, *IIRI Online Series*, No. 21.
박인휘, 2006,「세계정치와 동북아 안보: 중일갈등을 통해 본 균형과 간극」,『세계정치』, 5.
박종근 저, 박영재 역, 1989,『청일전쟁과 조선: 외침과 저항』, 서울: 일조각.
박진희, 2005,「전후 한일관계와 샌프란시스코 평화조약」,『한국사연구』, 131.
박창희, 2011,『현대 중국 전략의 기원: 중국혁명전쟁부터 한국전쟁 개입까지』, 서울: 플래닛미디어.
박철희, 2016,「미일관계와 한일관계에서 오는 한국의 안보 도전」, *IIRI Online Series*, No, 22.
박철희 외, 2014,『일본 민주당정권의 성공과 실패』, 서울: 서울대학교출판문화원.
박 훈, 2014,『메이지 유신은 어떻게 가능했는가』, 서울: 민음사.
배종윤, 2008,「동북아시아 지역질서의 변화와 한국의 전략적 선택: '동북아 균형자론'

을 둘러싼 논쟁의 한계와 세력균형론의 이론적 대안」, 『국제정치논총』, 48(3).
백창재, 2011, 「미중관계와 미국의 동남아 정책」, 서울대학교 아시아연구소 편, 『동남아지역에서의 미중관계의 현황과 전망, 그리고 한국의 대응전략』, 외교통상부 용역연구.
부에노 드 메스키타, 부르스 저, 김우상 외 역, 2015, 『세계정치론: 전쟁과 평화 그리고 세계질서』, 파주: 카오스북.
서정경, 2010, 「동아시아지역을 둘러싼 미중관계: 중국의 해양대국화를 중심으로」, 『국제정치논총』, 50(2).
션즈화, 2012, 『모택동, 스탈린과 조선전쟁』, 제3개정판, 광동성: 광동인민출판(초벌번역본).
_____, 2014, 「극동에서 소련의 전략적 이익보장: 한국전쟁의 기원과 스탈린의 정책결정 동기」, 『한국과 국제정치』, 30(2).
손 열, 2010, 「동맹과 공동체 사이의 일본: 21세기 권력이동과 재균형의 모색」, 『일본연구논총』, 31.
손열 편, 2006, 『동아시아와 지역주의: 지역의 인식, 구상, 전략』, 서울: 지식마당.
송백석, 2006, 「동북아체제구조 측면에서 본 한국의 '동북아 중재자' 역할」, 『한국과 국제정치』, 22(2)
스터드웰, 존 저, 김태훈 역, 2016, 『아시아의 힘』, 고양: 프롬북스.
신봉길, 2015, 『한중일 협력의 진화: 3국 협력사무국(TCS) 설립과 협력의 제도화』, 서울: 아연출판부.
신성호, 2016, 「미중관계에서 오는 한국의 안보 도전」, *IIRI Online Series*, No. 20.
신욱희, 1997, 「다자주의의 동아시아 적용의 문제」, 『한국과 국제정치』, 13(1).
_____, 1999, 「미국 동아시아 정책의 역사적 고찰: 식민주의, 냉전, 탈냉전」, 『미국학』, 22.
_____, 2001/2002, 「동아시아의 냉전: 형성, 결과, 유산」, 『국제문제연구』, 24.
_____, 2004, 「근대한국의 주권 개념」, 『세계정치』, 25(2).
_____, 2006, 「다변화된 2차적 상징: 민주평화론과 동북아시아」, 『한국사회과학』, 28(1).
_____, 2010, 『순응과 저항을 넘어서: 이승만과 박정희의 대미정책』, 서울: 서울대학교출판문화원.
_____, 2012, 「미중일 관계에 대한 이론적 검토: 통합적 이론으로서 위협균형/위협전이론」, 『아시아리뷰』, 2(1).
_____, 2013a, 「동아시아 전략환경의 변화와 한국: 양자와 다자의 상호작용」, 백창재 외, 『국제환경의 변화와 한국의 미래』, 서울: 서울대학교출판문화원.
_____, 2013b, 「21세기 미중일 관계의 전망: 역사적 유추의 두 관점」, 『국가전략』, 19(4).
_____, 2014, 「중국의 한국전쟁 참전: 중국 대북정책의 역사적 형성과 지속」, 『한국과

국제정치』, 30(2).

_____, 2016, 「'일본문제'에서 '북한문제'로: 한국전쟁을 통한 동북아시아에서의 위협 전이」, 『한국정치외교사논총』, 38(1).

쑤이, 데이빗 저, 한국전략문제연구소 역, 2011, 『중국의 6·25 전쟁 참전』, 서울: 한국전략문제연구소.

아브람즈, 필립 저, 신용하 외 역, 1986, 『역사사회학』, 서울: 문학과지성사.

양기웅, 2014, 「한일관계와 역사 갈등의 구성주의적 이해」, 『국제정치연구』, 17(2).

양영조, 2007, 『한국전쟁과 동북아 국가 정책』, 서울: 선인.

염인호, 2010, 『또 하나의 한국전쟁: 만주 조선인들의 '조국'과 전쟁』, 서울: 역사비평사.

우석훈, 2008, 『촌놈들의 제국주의: 한중일을 위한 평화경제학』, 서울: 개마고원.

우수근, 2006, 『21세기 한중일 삼국지』, 서울: 두리미디어.

우철구, 1993, 「19C 후반 영국의 대한정책: 1883년 한영조약체결을 전후하여」, 『국사관논총』, 44.

유길준, 1971a, 『유길준 전서 I: 서유견문』, 서울: 일조각.

_____, 1971b, 『유길준 전서 IV: 정치경제편』, 서울: 일조각.

유상범, 2014, 「미국의 아시아태평양 중시정책의 내용과 함의: 미중대결 가능성과 일본의 책임전가 역할을 중심으로」, 『한일군사문화연구』, 18.

은정태, 2009, 「청일전쟁 전후 조선의 대청정책과 조청관계의 변화」, 왕현종 외, 『청일전쟁기 한·중·일 삼국의 상호전략』, 서울: 동북아역사재단.

이명찬, 2013, 「센카쿠제도를 둘러싼 중·일 간 갈등과 동북아」, 『국제정치논총』, 53(1).

이상호, 2010, 「맥아더의 한국전쟁 군사전략」, 한국역사연구회 현대사분과 편, 『역사학의 시선으로 읽는 한국전쟁』, 서울: 휴머니스트.

이수훈, 2013, 『동북아 공동의 미래를 생각한다』, 서울: 선인.

이승주, 2013, 「미중일 삼각 구도와 한국의 전략적 대응: 환태평양경제동반자협정(TPP)과 역내포괄적경제동반자협정(RCEP)의 사례를 중심으로」, 『미국학』, 36(2).

이어령, 2015, 『이어령의 가위바위보 문명론』, 파주: 마로니에북스.

이영학, 2014, 「북한의 세 차례 핵실험과 중국의 대북한 정책 변화」, 『국제정치논총』, 53(3).

이용희, 2013, 『일반국제정치학(상)』, 서울: 이조.

이종원, 2013, 「샌프란시스코 체제의 지속과 변용」, 서울대학교 아시아연구소 학술회의, "중국혁명, 한국전쟁, 동아시아 지역질서" 발표논문.

이종판, 2003, 「한국전쟁과 일본: 한국전쟁 당시 일본의 대응과 협력내용을 중심으로」, 『한일군사문화연구』, 1.

이혜정, 2011, 「9·11의 (탈)안보화와 미국패권: 대테러전쟁의 구성과 해체」, 『국제지역연구』, 15(2).

임반석, 2014, 「TPP와 동아시아 RCEP의 경합과 보완의 가능성」, 『한국동북아논총』, 70.

임혁백, 2014, 『한반도와 동아시아의 안보와 평화: 불가능주의에서 가능주의로』, 파주: 한울아카데미.

장윈링, 2010, 「중국의 대전략과 아시아 지역주의」, 문정인, 『중국의 내일을 묻다』, 서울: 삼성경제연구소.

장인성, 2002, 「동아시아의 문명과 국제사회: 구성원리와 존재방식」, 『한국정치외교사논총』, 24(2).

전홍택·박명호 편, 2011, 『동아시아 통합전략 II: 한중일을 중심으로』, KDI.

정성철, 2015, "Unipolarity and Transition," 국제관계연구회 추계학술회의(2015. 10. 23.).

조한승, 2006, 「상대적 국력이론의 관점에서 바라본 중일전쟁(1894-1895)」, 강성학 편, 『용과 사무라이의 결투』, 서울: 리북.

중국 군사과학원 군사역사연구부 저, 오규열 역, 2002, 『중국군의 한국전쟁사 1』, 서울: 국방부 군사편찬연구소.

차도회, 2012, 『동아시아 미·중 해양패권 쟁탈전』, 성남: 북코리아.

최관장, 2003, 「중국 통일 이데올로기와 양안 통일방안에 관한 연구」, 『중국학연구』, 24.

최문형, 1990, 「영로대결의 추이: 한국에 고취된 공로의식과 관련하여」, 최문형, 『제국주의시대의 열강과 한국』, 서울: 민음사.

최석완, 2006, 「일본의 동아시아 질서 재구축과 청일전쟁: 청일조약 개정을 중심으로」, 역사학회 편, 『전쟁과 동북아의 국제질서』, 서울: 일조각.

최완규, 2002, 「남북한 통일방안의 수렴 가능성 연구: 연합제와 낮은 단계의 연방제」, 『북한연구학회보』, 6(1).

최종건, 2009, 「패권국 지위 변화와 동북아 질서 개편: 동북아 다자협력질서의 특징을 중심으로」, 『한국과 국제정치』, 25(4).

최종건·박창원, 2010, 「방패와 창의 안보딜레마: 일본의 TMD 구축과 중국의 대응 역학관계를 중심으로」, 『한국과 국제정치』, 26(3).

커밍스, 부르스 외 저, 차문석 역, 2004, 『악의 축의 발명: 미국의 북한, 이란, 시리아 때리기』, 서울: 지식의 풍경.

필니, 카를 저, 이미옥 역, 2006, 『아시아의 세기』, 서울: 에코리브르.

한상일, 1997, 『일본 전후정치의 변동: 점령통치에서 새 체제의 모색까지』, 서울: 법문사.

한석희·강택구, 2009, 「동아시아 공동체 형성과 중국의 인식: EAS에 대한 정책적 함의」, 『한국정치학회보』, 43(1).
한승훈, 2006, 「조영조약(1883. 11)과 불평등조약체제의 재정립」, 『한국사연구』, 135.
황지환, 2007, 「전망이론의 현실주의적 이해: 현상유지경향과 상대적 손실의 국제정치 이론」, 『국제정치논총』, 47(3).

〈영문/기타〉

Acharya, A., 2000, *Constructing a Security Community in Southeast Asia: ASEAN and the Problem of Regional Order*, London & New York: Routledge.
Acharya, A. and A. Johnston (eds.), 2008, *Crafting Cooperation: Regional International Institutions in Comparative Perspective*, New York: Cambridge University Press.
Acheson, D., 1969, *Present at Creation: My Years in the State Department*, New York: W. W. Norton & Company.
Agnew, J. and J. Duncan (eds.), 1989, *The Power of Place: Bringing Together Geographical and Sociological Imaginations*, London & New York: Routledge.
Albert, M. and L. Hilkermeier (eds.), 2014, *Observing International Relations: Niklas Luhmann and World Politics*, London & New York: Routledge.
Badie, B., 2000, *The Imported State: The Westernization of the Political Order*, Stanford: Stanford University Press.
Baldwin, R., 1971, "Thinking about Threats," *Journal of Conflict Resolution*, 15(1).
Balzacq, T. (ed.), 2011, *Securitization Theory: How Security Problems Emerge and Dissolve*, London & New York: Routledge.
Bean, R. M., 1990, *Cooperative Security in Northeast Asia: A China-Japan-South Korea Coalition Approach*, Washington, DC: National Defense University.
Booth, K. and N. Wheeler, 2008, *The Security Dilemma: Fear, Cooperation and Trust in World Politics*, New York: Palgrave Macmillan.
Boudon, R., 1991, "Review: What Middle-Range Theories Are," *Contemporary Sociology*, 20(4).
Bull, H. and A. Watson (eds.), 1984, *The Expansion of International Society*, Oxford: Clarendon Press.
Burt, R., 2009, *Structural Holes: The Social Structure of Competition*, Cambridge: Harvard University Press.
Buzan, B., 1991, "Is International Security Possible?," in K. Booth (ed.), *New Thinking about Strategy and International Security*, London: HarperCollins.
Buzan, B. and Y. Zhang, 2014, *Contesting International Society in East Asia*, New York: Cambridge University Press.

Calder, K., 1988, "Japanese Foreign Policy Formation: Explaining the Reactive State," *World Politics*, 40(4).

_____, 2004, "Securing Security through Prosperity: The San Francisco System in Comparative Perspective," *The Pacific Review*, 17(1).

Cambone, S., 1997, "The United States and Theatre Missile Defence in Northeast Asia," *Survival*, 39(3).

Caplow, T., 1956, "A Theory of Coalitions in the Triad," *American Sociological Review*, 21.

Caporaso, J., 1992, "International Relations Theory and Multilateralism: The Search for Foundation," *International Organization*, 46(3).

Cathcart, A. and C. Kraus, 2011, "The Bonds of Brotherhood: New Evidence on Sino-North Korean Exchanges, 1950-1954," *Journal of Cold War Studies*, 13(3).

Chang, P., 1996, "The Dynamics of Taiwan's Democratization and Crisis in the Taiwan's Strait," *Contemporary Southeast Asia*, 18(1).

Chen, J., 1997, "The Myth of America's Lost Chance in China: A Chinese Perspective in Light of New Evidence," *Diplomatic History*, 21(1).

_____, 2011, "The Sino-Soviet Alliance and China's Entry into the Korean War," *Cold War International History Project*, Woodrow Wilson Center.

Christensen, T., 1992, "Threats, Assurances, and the Last Chance for Peace: The Lessons of Mao's Korean War Telegram," *International Security*, 17(1).

_____, 1999, "China, the U.S.-Japan Alliance, and the Security Dilemma in East Asia," *International Security*, 23(4).

Cohen, I., 1989, *Structuration Theory: Anthony Giddens and the Constitution of Social Life*, New York: St. Martin Book.

Cox, R., 1992, "Multilateralism and World Order," *Review of International Studies*, 18.

Cronin, J., 1996, *The World the Cold War Made: Order, Chaos, and the Return of History*, London & New York: Routledge.

Cumings, B., 2014, "Japan as Number One (or Two): The American Preference for Japan in the East Asian Order," Paper presented at the conference, "East Asia and Future Korea in the Gabo Year," Seoul National University.

Dawisha, A., 2002, "Nation and Nationalism: Historical Antecedents to Contemporary Debates," *International Studies Review*, 4(1).

Destler, I. M. et al., 1976, *Managing an Alliance: The Politics of U.S.-Japanese Relations*, Washington, DC: Brookings Institution.

Dittmer, L., 1981, "The Strategic Triangle: An Elementary Game-Theoretical Analysis,"

World Politics, 33(4).

_____, 2013, "Japan, China, Russia, and the American "Pivot": A Triangular Analysis," in T. Inoguchi and G. J. Ikenberry (eds.), *The Troubled Triangle: Economic and Security Concerns for the United States, Japan, and China*, New York: Palgrave Macmillan.

Dulles, J. F., 1950, *War or Peace*, New York: Macmillan.

Eisenhower, D., 1963, *The White House Years: Mandate for Change, 1953-1956,* Garden City: Doubleday & Company.

Evans, T., 2003, "The PRC's Relationship with the ASEAN Regional Forum: Realpolitik, Regime Theory or a Continuance of the Sinic Zone of Influence System?," *Modern Asian Studies*, 37(3).

Feinberg, R., 2007, "Voluntary Multilateralism and Institutional Modification: The First Two Decades of Asia Pacific Economic Cooperation (APEC)," *The Review of International Organization*, 3(3).

Feng, H., 2005, "The Operational Code of Mao Zedong: Defensive or Offensive Realist?," *Security Studies*, 14(4).

Friedberg, A., 1993/1994, "Ripe for Rivalry: Prospect for Peace in Multipolar Asia," *International Security*, 18(3).

_____, 2005, "The Future of U.S.-China Relations: Is Conflict Inevitable?," *International Security*, 30(2).

Friedman, G. and M. Lebard, 1991, *The Coming War with Japan*, New York: St. Martin's Press.

Gaddis, J. L., 1989, *The Long Peace: Inquiries into the History of the Cold War*, New York: Oxford University Press.

Gallicchio, M., 1988, *The Cold War Begins in Asia: American East Asian Policy and the Fall of Japanese Empire*, New York: Columbia University Press.

_____, 1996, "Recovery through Dependency: American-Japanese Relations, 1945-1970," in W. Cohen (ed.), *Pacific Passage: the Study of American-East Asian Relations on the Eve of the Twenty-First Century*, New York: Columbia University Press.

Garrett, G., 2010, "G2 in G20: China, the United States, and the World after the Global Financial Crisis," *Global Policy*, 1(1).

Gills, B., 1993, "The Hegemonic Transition in East Asia: A Historical Perspective," in S. Gill (ed.), *Gramsci, Historical Materialism and International Relations*, New York: Cambridge University Press.

Glosserman, B. and S. Snyder, 2015, *The Japan-South Korea Identity Clash: East Asian Security and the United States*, New York: Columbia University Press.

Goh, E., 2007/2008, "Great Powers and Hierarchical Order in Southeast Asia: Analyzing Regional Security Strategies," *International Security*, 32(3).

Goldman Sachs, 2007, "BRICs and beyond,"(검색: http://www.goldmansachs.com/our-thinking/archive/archive-pdfs/brics-book/brics-full-book.pdf)

Gong, G., 1984, *The Standard of 'Civilization' in International Society*, Oxford: Clarendon Press.

Hajimu, M., 2012, "The Korean War through the Prism of Chinese Society," *Journal of Cold War Studies*, 14(3).

Halper, S., 2010, *The Beijing Consensus: How China's Authoritarian Model Will Dominate the Twenty-first Century*, New York: Basic Books.

Hao, Y. and Z. Zhai, 1990, "China's Decision to Enter the Korean War: History Revisited," *The China Quarterly*, 121.

He, K. and H. Feng, 2011, "'Why Is There No NATO in Asia?' Revisited: Prospect Theory, Balance of Threat, and US Alliance Strategies," *European Journal of International Relations*, 18(2).

He, Y., 2007, "History, Chinese Nationalism and the Emerging Sino-Japanese Conflict," *Journal of Contemporary China*, 16.

_____, 2008, "Ripe for Cooperation or Rivalry? Commerce, Realpolitik, and War Memory in Contemporary Sino-Japanese Relations," *Asian Security*, 4(2).

Hechter, M., 2000, *Containing Nationalism*, Oxford & New York: Oxford University Press.

Heller, D., 2005, "The Relevance of the ASEAN Regional Forum (ARF) for Regional Security in the Asia-Pacific," *Comtemporary Southeast Asia*, 27(1).

Hemmer, C. and P. Katzenstein, 2002, "Why Is There No NATO in Asia: Collective Identity, Regionalism, and the Origins of Multilateralism," *International Organization*, 56(3).

Herz, J., 1950, "Idealist Internationalism and the Security Dilemma," *World Politics*, 2(2).

Hoffmann, S., 1977, "An American Social Science: International Relations," *Daedalus*, 106(3).

Holsti, K. J., 1970, "National Role Conceptions in the Study of Foreign Policy," *International Studies Quarterly*, 14(3).

Hughes, C., 2007, "Not Quite the 'Great Britain of the Far East': Japan's Security, the US-Japan Alliance and the 'War on Terror' in East Asia," *Cambridge Review of International Affairs*, 20(2).

Hunt, M., 1996, *The Genesis of Chinese Foreign Policy*, New York: Columbia University

Press.
Iriye, A., 1974, *The Cold War in East Asia: A Historical Introduction*, Englewood Cliffs: Prentice-Hall.
_____, 1992, *China and Japan in Global Setting*, Cambridge: Harvard University Press.
Itho, M., 2001, "Japanese Constitutional Revision: A Neo-Liberal Proposal for Article 9 in Comparative Perspective," *Asian Survey*, 41(2).
Jervis, R., 1980, "The Impact of the Korean War on the Cold War," *Journal of Conflict Resolution*, 24, December.
_______, 1997, *System Effects: Complexity in Political and Social Life*, Princeton: Princeton University Press.
Jo, H. and J. Mo, 2010, "Does the United States Need a New East Asian Anchor?: A Case for US-Japan-Korea Trilateralism," *Asia Policy*, 9.
Johnston, A., 2003, "Is China a Status Quo Power?," *International Security*, 27(4).
_____, 2011, "Chinese Foreign Policy in 2010: How Assertive Is "Assertive"?," MacArthur Seminar (Seoul National University, 2011. 5. 26.).
Kang, D., 2007, *China Rising: Peace, Power, and Order in East Asia*, New York: Columbia University Press.
Kato, A., 2013, "The United States: The Hidden Actor in the Senkaku Islands," *Asia Pacific Bulletin*, East-West Center, No. 205.
Kennedy, P., 1987, *The Rise and Fall of the Great Powers: Economic Change and Military Conflict From 1500 to 2000*, New York: Vintage Books.
Khong, Y. F. and H. Nesadurai, 2008, "Hanging Together, Institutional Design, and Cooperation in Southeast Asia: AFTA and the ARF," in A. Acharya and A. Johnston (eds.), *Crafting Cooperation: Regional International Institutions in Comparative Perspective*, New York: Cambridge University Press.
Kim, D., 2011, "Stalin's Korean U-Trun: The USSR's Evolving Security Strategy and the Origins of the Korean War," *Seoul Journal of Korean Studies*, 24(1).
Kim, H., 2014, "The Birth of Liberal Peace Club in East Asia: San Francisco Peace Treaty (1951) and Korea," Paper presented at the conference, "Comparative Research on the Cold War in Europe and Asia," Seoul National University.
Klotz, A. and C. Lynch, 2007, *Strategies for Research in Constructivist International Relations*, Armonk: M. E. Sharpe.
Krasner, S. D., 2001, "Organized Hypocrisy in Nineteenth-century East Asia," *International Relations of the Asia-Pacific*, 1.
Krasner, S. D. (ed.), 2001, *Problematic Sovereignty: Contested Rules and Political Possibilities*,

New York: Columbia University Press.

Krause, E. and T. J. Pempel (eds.), 2004, *Beyond Bilateralism: US-Japan Relations in the New Asia-Pacific*, Stanford: Stanford University Press.

Kuroiwa, I. and H. Ozeki, 2010, "Intra-regional Trade between China, Japan, and Korea: Before and After the Financial Crisis," *Institute of Developing Economies Discussion Paper*, No. 237.

Lake, D., 1996, "Anarchy, Hierarchy, and the Variety of International Relations," *International Organization*, 50(1).

Lampton, D., 1998, "China," *Foreign Policy*, 110 (Spring).

Lee, G., 2010, "The Clash of Soft Powers between China and Japan: Synergy and Dilemma at the Six-Party Talks," *Asian Perspective*, 34(2).

Little, R., 2007, *The Balance of Power in International Relations: Metaphors, Myths and Models*, New York: Cambridge University Press.

Lobell, S., 2009, "Threat Assessment, the State, and Foreign Policy: A Neoclassical Model," in S. Lobell, N. M. Ripsman, and J. W. Taliaferro (eds.), *Neoclassical Realism, The State, and Foreign Policy*, New York: Cambridge University Press.

Mahbubani, K., 2008, *The New Asian Hemisphere: The Irresistible Shift of Global Power to the East*, New York: Public Affairs.

Mansourov, A., 1995/1996, "Stalin, Mao, Kim, and China's Decision to Enter the Korean War, September 16-October 15, 1950: New Evidence from the Russian Archives," *Cold War International History Project Bulletin*, 6-7, Woodrow Wilson Center.

Men, H., 2010, "East Asia Order Formation and Sino-Japanese Relations," *Indiana Journal of Global Legal Studies*, 17(1).

Mochizuki, M. and M. O'Hanlon, 1998, "A Liberal Vision for the US-Japan Alliance," *Survival*, 40(2).

Nau, H., 2002, *At Home Abroad: Identity and Power in American Foreign Policy*, Ithaca, N.Y.: Cornell University Press.

Nye, J., 2004, *Soft Power: The Means to Success in World Politics*, New York: Public Affairs.

Obama, B., 2011, "Remarks by President Obama to the Australian Parliament," *The White House Office of the Press Secretary*, November 17.

Ojendal, J., 2004, "Back to the Future? Regionalism in South-east Asia under Unilateral Pressure," *International Affairs*, 80(3).

Oren, I., 2003, *Our Enemies and US: America's Rivalries and the Making of Political Science*, Ithaca: Cornell University Press.

Park, J., 2011, "The US-led Alliances in the Asia-Pacific: Hedge against Potential Threat or an Undesirable Multilateral Security Order?," *The Pacific Review*, 24(2).

Park, S. and J. Lee, 2009, "APEC at a Crossroads: Challenges and Opportunities," *Asian Perspective*, 33(2).

Pempel, T. J., 2010, "Soft Balancing, Hedging, and Institutional Darwinism: The Economic-Security Nexus and East Asian Regionalism," *Journal of East Asian Studies*, 10(2).

Price, J., 2001, "Cold War Relic: The 1951 San Francisco Peace Treaty and the Politics of Memory," *Asian Perspective*, 25(3).

Putnam, R., 1988, "Diplomacy and Domestic Politics: The Logic of Two-Level Games," *International Organization*, 42(3).

Ravenhill, J., 2009, "East Asian Regionalism: Much Ado about Nothing?," *Review of International Studies*, 35.

Ross, R., 1999, "The Geography of the Peace: Great Power Stability in Twenty-first Century East Asia," *International Security*, 23(4).

______, 2009, *Chinese Security Policy: Structure, Power and Politics*, London & New York: Routledge.

Rousseau, D., 2006, *Identifying Threats and Threatening Identities: The Social Construction of Realism and Liberalism*, Stanford: Stanford University Press.

Rozman, G., 2007, "South Korea and Sino-Japanese Rivalry: A Middle Power's Options within the East Asian Triangle," *The Pacific Review*, 20(2).

______, 2013, "Narrowing the Gap between China and Japan: Three Dimensions of National Identity and the Korean Factor," *Japanese Journal of Political Science*, 14(1).

Ruggie, J., 1992, "Multilateralism: The Anatomy of Institution," *International Organization*, 46(3).

Ruland, J., 2011, "South Asian Regionalism and Global Governance: "Multilateral Utility" or "Hedging Utility"?," *Contemporary Southeast Asia*, 33(1).

Ruoff, K., 2001, *The People's Emperor: Democracy and the Japanese Monarchy, 1945-1995*, Cambridge: Harvard University Press.

Russett, B., 1985, "The Mysterious Case of Vanishing Hegemony: Or Is Mark Twain Really Dead?," *International Organization*, 39(2).

Russett, B. and J. Oneal, 2001, *Triangulating Peace: Democracy, Interdependence and International Organizations*, New York: W. W. Norton.

Satake, T. and Y. Ishihara, 2012, "America's Rebalance to Asia and Its Implications for Japan-US-Australia Security Cooperation," *Asia-Pacific Review*, 19(2).

Serra, N. and J. E. Stiglitz (eds.), 2008, *The Washington Consensus Reconsidered: Towards a New Global Governance*, New York: Oxford University Press.

Sheng, M., 1997, "The Triumph of Internationalism: CCP-Moscow Relations before 1949," *Diplomatic History*, 21(1).

_____, 2002, "The Psychology of the Korean War: The Role of Ideology and Perception in China's Entry into the War," *Journal of Conflict Studies*, 22(1).

Snyder, J., 2000, *From Voting to Violence: Democratization and Nationalist Conflicts*, New York: W. W. Norton.

Solingen, E., 1998, *Regional Orders at Century's Dawn*, Princeton: Princeton University Press.

Son, K., 2010, "Constructing Fear: How the Japanese State Mediates Risks from North Korea," *Japan Forum*, 22.

Storey, I., 2013, "Japan's Maritime Security Interests in Southeast Asia and the South China Sea Dispute," *Political Science*, 65(2).

Suzuki, M., 2010, "The Politics of Coordination and Miscoordination in the Post-Cold War United States-Japan Alliance: From a Japanese Perspective," *International Relations of the Asia-Pacific*, 10.

Swenson-Wright, J., 2005, *Unequal Allies?: United States Security and Alliance Policy toward Japan, 1945-1960*, Stanford: Stanford University Press.

Takeuchi, H., 2014, "Sino-Japanese Relations: Power, Interdependence, and Domestic Politics," *International Relations of the Asia-Pacific*, 14.

Taureck, R., 2006, "Securitisation Theory and Securitisation Studies," *Journal of International Relations and Development*, 9.

Truman, H., 1956, *Memoirs by Harry S. Truman, Vol II: Years of Trial and Hope*, Garden City: Doubleday & Company.

Twomey, C., 2010, *The Military Lens: Doctrinal Difference and Deterrence Failure in Sino-American Relations*, Ithaca: Cornell University Press.

US Department of Defence, 2010, "Annual Report to Congress: Military Power of the People's Republic of China 2010."

Waever, O., 1995, "Securitization and Desecuritization," in R. Lipschutz (ed.), *On Security*, New York: Columbia University Press.

Walt, S., 1987, *The Origins of Alliances*, Ithaca: Cornell University Press.

_____, 1997, "Why Alliances Endure or Collapse," *Survival*, 39(1).

Waltz, K., 1959, *Man, the State and War: A Theoretical Analysis*, New York: Columbia University Press.

Wan, M., 2001, *Japan between Asia and the West: Economic Power and Strategic Balance*, Armonk: M. E. Sharpe.

Wang, Y., 2004, "Offensive Realism and the Rise of China," *Issues and Studies*, 40(1).

Weber, M., 1949, "'Objectivity' in Social Sciences and Social Policy," in M. Weber, *The Methodology of the Social Sciences*, New York: Free Press.

Wendt, A., 1987, "The Agent-Structure Problem in International Relations Theory," *International Organization*, 41(3).

Westad, O. A., 1996/1997, "Fighting for Friendship: Mao, Stalin, and the Sino-Soviet Treaty of 1950," *Cold War International History Project Bulletin*, 8-9, Woodrow Wilson Center.

Woo, S., 2003, "Triangle Research and Understanding Northeast Asian Politics," *Asian Perspective*, 27(2).

World Bank, 2011, "The Recent Earthquake and Tsunami in Japan: Implications for East Asia," *East Asia and Pacific Economic Update*, Vol. 1.

Wu, X., 2005, "The End of the Silver Lining: A Chinese View of the U.S.-Japanese Alliance," *The Washington Quarterly*, 29(1).

Xiang, L., 2012, "China and the 'Pivot'," *Survival*, 54(5).

Yan, X. and J. Xin (eds.), 2008, *A Selection of Pre-Qin Theories of Interstate Relations*, Shanghai: Fudan University Press.

Yu, H., 2008, "Explaining the Functional Expansion of a Regional Organization: The Case of Security Cooperation within APEC," *Pacific Focus*, 23(3).

Zhang, Y., 2014, "Multilateral Means for Bilateral Ends: Japan, Regionalism, and China-Japan-US Trilateral Dynamism," *The Pacific Review*, 27(1) (Published online: 02 Aug 2013).

北岡伸一, 2000,『普通の國へ』, 東京: 中央公論新社.

3. 기타

〈신문기사〉

『동아일보』, 2013년 12월 30일자.

『동아일보』, 2015년 11월 2일자.

『매일경제』, 2011년 4월 27일자.

『매일경제』, 2011년 7월 12일자.

『조선일보』, 2013년 5월 10일자.
『조선일보』, 2016년 1월 27일자.
『중앙일보』, 2014년 10월 20일자. 문정인, "사드와 소국, 대국론".
『중앙일보』, 2015년 6월 19일자. 마이클 그린, "한국과 미중 충돌시대의 개막".
『중앙일보』, 2015년 11월 6일자. 마이클 그린, "남중국해의 미중 대치 국면과 한국".
『중앙일보』, 2016년 1월 23일자.

〈면담, 대담 및 토론〉

김경일 교수와의 면담(2014년 1월 13일).
김동길 교수와의 면담(2013년 11월 16일; 2014년 1월 15일).
뉴쥔 교수와의 면담(2013년 12월 10일).
박건영 교수와의 대담(2016년 3월).
서주석 박사의 토론, 국제관계연구회 추계학술회의(2015년 10월 23일).

찾아보기

ㄱ

개화 34, 38
고강(高崗) 55, 57, 60
공법 35, 36
관념 4, 16, 22, 25, 29, 30, 32-34, 40, 45, 47, 67, 90, 99, 106, 138
구성주의 23, 27
구조 14, 32, 44, 149
구조화 이론 44
국제사회 32, 138
규범 37, 120, 122
균형 20, 23
금융위기 2, 90, 127, 132
기시(岸信介) 81, 82
김일성 43, 51-54

ㄴ

남중국해 96, 135
낭만적 삼각관계 10, 14, 148
냉전 3, 5, 15, 29, 40, 42, 44, 45, 64, 71, 80, 83, 87, 98, 117, 118, 140, 142, 148, 149, 154
냉전의 종언 107
닉슨(Nixon, R.) 105

ㄷ

다자주의 5, 114, 116, 118, 120, 124, 126, 129, 139, 142, 149, 150
단위 5, 16, 83, 138, 140, 142, 144, 149
대만 106, 140
덜레스(Dulles, J.) 66, 71, 73
동남아시아 121
동맹 12, 21, 23, 65, 97, 99, 105, 113, 148, 150, 153
동북아 3, 4, 8, 15, 18, 19, 25, 28, 40, 42, 83, 113, 114, 129, 131, 132, 134, 138, 140-144, 148-150
동북아 균형자론 133, 152
동아시아 116, 118, 119
동양평화론 129

ㄹ

루만(Luhmann, N.) 8

ㅁ

맥아더(MacArthur, D.) 50, 51
모택동(毛澤東) 41-44, 46, 49, 51, 53, 54, 60-62
미국위협론 49
미국의 쇠퇴 88, 112
미일관계 64, 97, 99, 103, 104, 119, 149, 150, 152
미중관계 20, 22, 64, 87, 94, 96, 101, 110, 119, 149
미중일 관계 109
미키(三木武夫) 105

민족주의 42, 110, 111, 140-142
민주평화론 127, 138, 140, 144
민주화 106, 140-142

ㅂ
반식민주의 41, 43, 46, 121
반응국가 3, 153
베이징 컨센서스 90
보통국가 132, 141, 143, 144
복잡계 10, 148
복잡성 8
복합성 24, 40
복합화 153, 154
북중관계 44, 46, 63
북중소 관계 15
북한문제 68, 71, 73, 96, 113, 153
북핵문제 86, 92, 96, 97, 108, 144, 153
분단체제 16, 40, 83
분석수준 19

ㅅ
사각관계 5, 87
사건 25, 27, 80
사드 96
사토(佐藤栄作) 105
산업화 21
삼각관계 5, 8, 9, 11, 14, 15, 83, 87, 102, 113, 148, 150, 151, 153, 155
삼자주의 119, 129, 130, 132, 133, 145, 149, 150
샌프란시스코 강화조약 64, 65, 73, 78, 80
샌프란시스코 체제 64, 65, 67, 148, 154
샌프란시스코 평화조약 64
세력균형 19, 20, 22, 25, 28, 35, 38, 42, 92, 94, 118
세력전이 20-22, 25, 39, 88, 89, 94, 96, 107, 108
센카쿠열도/댜오위다오 문제 109
스탈린(Stalin, I. V.) 44, 51, 53, 54, 57, 60, 62
식민주의 5, 15, 29, 40, 42, 83, 87, 98, 104, 117, 139, 148
신고전적 현실주의 23, 27
신자유주의 29, 93
신중성 152
신현실주의 23, 27, 29, 93, 107, 144

ㅇ
아베(安倍晋三) 103, 106, 112
아시아 외환위기 125
아시아의 세기 2, 86
아시아/태평양 3, 121, 124, 126, 151
아이젠하워(Eisenhower, D.) 71, 77
안보 딜레마 24, 100
안보화 26, 28, 151
안정성 20, 86
애치슨(Acheson, D. G.) 42, 68, 70
양득/양편론 35
양면 안보 딜레마 28, 29, 106, 110, 135, 148, 151
양안관계 16, 40, 83, 92, 106, 139, 144
양자관계 4, 5, 40, 86-88, 95, 104, 106, 114, 118, 148, 149
양절체제 36
역사문제 86, 104, 105, 134, 135
역사사회학 29, 116
역코스 정책 41
역할 113, 114, 149, 155
역할구상 150

연방제 143
연성권력 22, 90, 108
연합제 143
오식 95
요시다(吉田茂) 66, 77, 81
워싱턴 컨센서스 90
6자회담 108, 135, 144, 153, 154
위협 22, 26
위협균형 22, 23, 25
위협인식 25, 27, 28, 30, 32, 67, 74, 79, 101, 132, 150
위협전이 25, 27, 29, 64, 67, 73, 110, 148, 151
이승만 47, 67, 74, 75, 77, 78
인권 94, 142
인식 30, 80, 95, 106, 110
일국양제 144
일본문제 73
일본위협론 151
임표(林彪) 55

ㅈ

자유주의 41, 102, 139
장개석(蔣介石) 41, 47
전략적 삼각관계 14, 15, 39, 129, 144, 145, 148
전파 34, 117
정체성 23, 47, 61, 110, 120, 124, 126, 135, 139, 140, 142
제도 37, 90, 119, 139, 142
조공체제 116
주권 34, 35, 37, 138, 141, 144, 148
주은래(周恩來) 52, 55, 57, 58
주체 3, 25-27, 29, 30, 39, 44, 80, 83, 148-150, 155
주체-구조 문제 14, 37, 153
중국위협론 23, 95, 101, 150, 151
중국의 부상 2, 23, 86, 88, 92, 96, 107, 112, 126, 138, 148, 151
중국포위론 101, 150
중립론 37
중범위 이론 18
중소관계 42, 45
중일관계 22, 87, 109, 110, 112-114, 119, 149, 150
중추 10-12, 40, 83, 113, 148, 149, 155
지경학 3, 148
지역 3, 16, 19, 148, 150, 153
지역주의 3, 114, 118, 119, 121, 139, 142, 148, 150, 151
지역체제 38, 113
지정학 3, 127, 148, 155

ㅊ

처칠(Churchill, W.) 71
척사 34, 38
천하질서 34
청일전쟁 38, 39
체제 8, 142
측면연계 15, 87, 149

ㅋ

케넌(Kennan, G. F.) 42, 64, 68, 105

ㅌ

탈냉전 2, 5, 15, 29, 94, 107, 149
탈안보화 73, 151
태평양전쟁 22, 40, 41, 64, 65, 68, 112
트루먼(Truman, H. S.) 50, 67, 68, 75

ㅍ
패권전이 22, 38
팽덕회(彭德怀) 55, 57, 60
편승 20, 23, 87, 108
평화헌법 16, 40
포드(Ford, G. R.) 105

ㅎ
하토야마(鳩山由紀夫) 152
한국전쟁 43, 44, 47, 53, 64, 65, 69, 73, 80, 83
한국조항 105, 106
한미관계 97, 104
한미일 관계 15, 105, 106, 153, 155
한반도 평화체제 144
한일관계 103, 106
한중관계 97
한중일 관계 3-5, 8, 15, 18, 19, 41, 83, 87, 114, 148, 149, 153, 155
한중일 FTA 131, 132
한중일 정상회의 130, 134
현실주의 35, 43, 151

APEC 124, 125, 128
ARF 121
ASEAN 120, 123, 138
ASEAN+3 130
ASEAN Way 119, 120, 123, 149
EAS 123
EU 118, 120
G2 2, 3
LNG 154
PNG 154
RCEP 128, 135, 154, 155
TCS 133, 135
TMD 92, 100
TPP 103, 128, 154, 155

발간사

다가오는 미래가 아시아의 시대가 될 것이라는 인식은 이제 우리에게 그리 새롭지는 않습니다. 그렇다면 우리에게 주어진 과제는 한국인과 한국사회는 어떤 존재로서 아시아의 시대를 살아가고자 하는가 하는 질문을 통해 우리와 남의 모습을 상상하고, 우리와 남의 관계에 대한 그림을 그리고, 그것들을 실천하는 일일 것입니다.

그러나 아시아의 시대가 온다고 해서 아시아 사람들이 저절로 잘 살게 되는 것도, 아시아가 저절로 평화롭고 정이 넘치는 공동체가 되는 것도 아닐 것입니다. 그러므로 우리는 아시아 지역을 살아가는 사람들이 어떤 공동체를 만들어가고 싶은가, 아시아 공동체가 잘 되면 인류에게 무슨 도움이 되는 것인가 하는 질문을 해야 하지 않을까 싶습니다. 오히려 아시아의 시대가 왔다고 생각하기 시작한 지난 20여 년 간 아시아 내부의 갈등과 적대, 민족주의와 인종차별 등은 더 심해지고 있다는 착각이 듭니다. 그것을 착각이라고 생각하는 까닭은 외양으로 보면 그렇게 보이지만, 실제 내부에서 일어나는 현상을 찬찬히 살펴보면, 아시아 내부의 상호이해와 교류가 느리지만 거대한 규모로 일어나고 있다고 믿기 때문입니다. 지표면에서 보면 날씨 변화도 심하고 지진도 자주 일어나지만, 땅속 깊은 곳에서 아시아의 시대를 만들어가는 지하수의 물줄기가 형성되고 있는 것 아닌가 싶습니다.

20세기 유럽과 미국이 축적한 자연과학과 인문·사회과학 등 근대의 학문적 지식은 인류 문명의 새로운 길을 열었고, 인류의 행복과 안정에 커다란 기여를 했습니다. 물론 제국주의 지배와 전쟁, 차별과 빈곤을 동시에 가져다주기도 했습니다. 아시아의 세기는 서양의 근대를 넘어서서 새로운 '근대 이후'를 만들어나가는 일이어야 합니다.

지식의 생산과 공유, 인재 양성을 책임지고 있는 대학이라는 공간에서 아시아에 대한 어떤 지식을 생산하고, 아시아에 대해 무엇을 어떻게 가르칠 것인가 하는 문제의식이야말로 서울대학교 아시아연구소에 주어진 책무일 것입니다. 서울대학교 아시아연구소는 2009년 9월 출범한 이래 지역과 주제의 결합에 기초한 아시아 연구의 세계적 허브 구축을 목표로 아시아 연구 기반 구축과 우수 연구활동 지원 등의 다양한 학술 활동을 진행해왔습니다. 특별히 아시아에 대한 지식 생산의 기반을 다지는 작업으로서, 우수한 기초 연구 활성화를 위해 노력해왔습니다.

서울대학교 아시아연구소총서는 바로 이러한 학문적 노력의 결실입니다. 앞으로도 서울대학교 아시아연구소는 국내외 연구자들의 우수한 연구를 지원하여 그 결과물을 지속적으로 발간해나갈 것입니다. 이러한 아시아연구소총서가 아시아의 시대를 열어가는 데 필요한 기반을 만드는 중요한 지적 자산이 되기를 기대합니다. 이를 바탕으로 아시아 시대를 만들어가는 지하수를 실증적으로 드러내고, 아시아 내부의 상호 이해와 교류를 넓혀갈 수 있길 바랍니다.

서울대학교 아시아연구소

신욱희

서울대학교 정치외교학부 교수
서울대학교 외교학과 졸업
미국 예일대학교 정치학 박사
전공분야: 국제정치이론, 외교정책, 동아시아 국제관계

저서 및 논문:
『순응과 저항을 넘어서』, *Dynamics of Patron-Client State Relations*, 「구성주의 국제정치이론의 의미와 한계」, "Second Image Reconsidered: Quest for Unit Complexity in Northeast Asia" 등